KB113621

매체 정보란 무엇인가

차례
Contents

전달사고와 해석의 다양성

정치자금법 위반혐의로 기소된 정치인 홍길동이 자신의 금품수수를 강력 부인하면서 전달사고를 주장하고 있다. '전달사고'란, 예를 들어, 어떤 기업인이 특정 정당이나 정치인에게 제3자를 통해 불법으로 정치자금을 전달하려는 도중 그 돈이 중간에서 어디론가 증발해버린 사고를 일컫는다. 검찰조사에서 기업인 임꺽정은 정치인 홍길동에게 제3자 장길산을 통해 정치자금을 전달했다고 주장하고, 홍길동은 동일한 돈에 대해 전달사고를 주장한다고 치자.[1)]

만일 장길산이 어디론가 도주해버렸다면, 검찰은 발뺌을 일삼는 홍길동을 기소할 수 없다. 그러나 검찰의 수사 도중 홍길동의 차명계좌에서 임꺽정이 제공했다고 주장하는 액수와 동일한 금액이 비슷한 시기에 입금된 사실이 밝혀지고, 그 송금자도 장길산임이 드러났다면, 홍길동은 이러한 정황증거에 근거해 기소될 수 있을 것이다. 하지만 이에 대해 홍길동은 그 돈은 자신이 장길산에게 빌려주었던 돈의 일부를 돌려받은 것이고, 돌려받은 돈의 액수와 시기가 임꺽정의 주장과 일치하는 것은 그저 우연에 불과하다고 주장할 수 있다.

게다가 나중에 자진 출두한 장길산이 '전달사고'를 시인하면서 자신이 임꺽정에게 넘겨받은 정치자금을 홍길동에게 갚아야 할 돈으로 사용했다고 주장한다고 치자. 그렇다면 홍길동은 정치자금을 받은 게 아니라 빌려준 돈을 받은 셈이 되고, 임꺽정 또한 불법적 정치자금을 제공한 것이 아니라 로비스트에 해당되는 장길산에게 사기를 당한 셈이 된다. 만일 임꺽정이 장길산을 사기죄로 고발하지 않는다면, 전달사고는 그저 단순한 해프닝으로 그치고 말 것이다.

그런데 똑똑한 검찰이 저 세 명의 입맞춤에 속을 리 없고, 끈질긴 압수수색을 통해 홍길동이 임꺽정으로부터 문제의 정치자금을 장길산을 통해 언제 어디에서 넘겨받았다는 내용의 인수증을 발견했다고 치자. 홍길동의 친필 서명이 게재된 이 인수증은 전달사고를 주장하는 홍길동과 사기죄를 눈감아주는 임꺽정 그리고 희생양을 자처하는 장길산의 '거짓 입맞춤'을 폭로하는 결정적 증거자료가 될 것이다. 이 인수증은 다음과 같이 씌어 있다.

> 본인 홍길동은 로비스트 장길산을 통해
> 임꺽정이 기부한 정치자금 100억 원을
> 2050년 10월 20일 본 당사 10층 외부접견실에서
> 정히 접수하였음을 확인함.
>
> 국회의원 홍길동

　이 증거자료에 대해 홍길동은 그것이 자신의 친필이 아님을 주장할 수 있다. 검찰은 필적조사를 통해 홍길동의 주장을 검증하려 할 것이다. 그러나 이 인수증이 홍길동의 친필로 판명날지라도, 홍길동은 다시금 그 인수증의 유래에 대해 다음과 같은 이야기를 만들어낼 수 있다. 즉, 어느 날 자신과 친분관계에 있던 임꺽정이 자기를 찾아와 정치기부금을 낼 때 어떤 영수증을 써주는지를 물었다. 홍길동은 그에 대한 하나의 보기로 위의 인수증을 작성해주었는데, 임꺽정이 우연히 그것을 가져갔다가 무의식중에 자신의 책상 위에 올려놓았다. 그런데 또 우연히도 임꺽정의 방에 결재를 맡으러 왔던 회계 담당 직원이 책상 위에 놓인 그 인수증을 발견하고는, 그것을 사장이 자신에게 던지는 일종의 암시로 간주하여 100억 원을 로비자금에서 빼돌려 장길산을 통해 홍길동에게 전달하게 했다. 그러나 장길산은 그 돈을 자신의 빚을 갚는 데 썼다. 이렇게 사건은 흐지부지되어간다.

　오늘날 한국사회에서 답답하게 전개되고 있는 부정부패의 전개 과정도 아마 이와 유사할 것이다. 이러한 답답함은 해석

의 무한한 다양성 때문에 빚어진다. 검찰이 유죄판결을 유도하기 위해 내리는 해석과 피고 측에서 무죄를 증명하기 위해 내리는 해석 그리고 일반인들이 이해관계의 중립성에서 자유롭게 피력하는 해석 등은 '동일한 문서 정보'로부터 서로 엇갈리거나 정반대되는 의미를 도출해내기 십상이다.

똑같은 인수증이 그것을 해석하는 사람이나 설정된 상황에 따라 전혀 다르게 해석될 수 있다는 점 때문에 이 문서는 특정한 사실 관련에 대한 결정적 증거가 될 수 없다. 보통의 한국인이라면 누구나 읽고 그 뜻을 알아낼 수 있는 하나의 문서가 서로 다른 이해관계를 가진 해석자들에 따라 각양각색으로 해석될 수 있는 가능성을 허용하기 때문에 해석자들은 서로 답답할 수밖에 없다.

하나의 문서가 허용하는 이토록 다양한 해석 가능성은 오늘날의 키워드인 정보(情報, information)에도 그대로 들어맞는다. 인터넷상에 떠도는 수많은 '디지털 정보'들은 그 해석자들에 따라 천차만별로 해석된다. 아니 모든 정보들은 그 제공자들에 의해 이미 나름대로 특정한 의도에 따라 재단된 것들이다. 정보 수용자들은 한편으로 정보 자체를 믿기보다 그것을 제공하는 '매체 자체'를 믿지만, 다른 한편으로 믿음의 문제 자체를 전혀 문제시하지 않기도 한다. 떠도는 정보들은 참이어도 좋고 거짓이어도 좋다. 아무래도 좋은 정보들은 그저 '소비되고 만다.' 이때 사람들은 주어진 정보에 대한 해석의 다양성을 포기한 셈이다.

오늘날 우리들에게 주어지는 대부분의 정보들은 아무런 해석도 필요로 하지 않는 소비성 정보들이다. 해석할 필요 없음은 주어진 정보들의 제공 의도가 뚜렷하기 때문이다. 오락이나 잡담 또는 심심풀이를 위한 정보들은 해석의 골치를 썩혀서는 안 된다. 그것들은 본디 그 출처가 애매하여 그 유래를 고민할 필요가 없을 뿐더러, 이미 그것들 스스로가 그저 단순한 재미를 위한 것들이라는 사실을 어떻게든 드러내놓고 있다. 예컨대 누군가 연예란에 '성상납'을 제의받았다고 고백하면, 그 고백은 인터넷을 통해 순식간에 전세계로 전파된다. 이러한 연예 정보는 (그것이 고백자에게 아무리 고통스러운 사실일지라도) 근본적으로는 단순한 읽을거리 내지 눈요깃감에 그치고 만다.

그러나 재미만을 전달하는 것처럼 보이는 이러한 연예 정보에 있어서도 사람들마다 그 해석은 구구절절 다양하다. 사람들은 우선 그런 고백을 왜 할까를 의심하거나, 그 고백이 사실인지를 자문하곤 할 것이다. 더 나아가 사람들은 만일 그 고백이 사실이라면, 성상납을 요구한 정치인이 누구인지를 알고 싶어할 것이고, 그런 XX를 어떻게 처벌해야 하는지에 대해서도 나름의 의견을 가질 것이다. 고백의 형식으로 주어진 연예 정보조차 그것을 접하는 사람들에 의해 다양하게 해석될 수밖에 없다.

인수증과 같은 것이 됐든, 아니면 신인 여배우의 고백이 됐든, 모든 정보는 해석자에 따라 다양하게 해석된다. 이러한 사실은 우리가 그 사실을 잘 인식하고 있든 아니든 피할 수 없다. 요즘처럼 정보의 홍수에 휩쓸려, 매순간 자신에게 필요한 정보들을 수집하며 살아갈 수밖에 없는 현대인들에게 '모든 정보가 해석의 다양성을 갖는다'는 사실은 치명적일 수 있다. 만일 여러분이 거짓 정보 또는 잘못 해석된 정보에 근거해 선택과 결단을 수행한다면, 어떠한 결과가 초래될 것인가?

맥루한(Marshall Mcluhan)의 주장처럼 매체가 곧 메시지(정보)라고 한다면,[2] TV나 라디오, 신문이나 인터넷 등의 다양한 매체들로부터 쏟아져 나오는 모든 정보들은 (우리가 매체 자체에 대한 신뢰를 유지하는 한) 그 자체로 '신뢰할 만한 지식'으로 간주되고 말 것이다.

그러나 알고 보면 동일한 매체가 정반대의 정보들을 전달하는 사례가 허다할 뿐 아니라, 서로 다른 매체들이 서로 모순된 정보들을 '사실 또는 진실'의 이름으로 발행 또는 방송하고 있는 상황이다. 정보는 이렇듯 정보를 제공하는 정보원 단계에서부터 종잡을 수 없을 뿐 아니라, 그것을 전달하는 매체와 전달된 정보를 해석하는 수용자 단계에서도 다양한 해석 가능성을 피할 수 없다.

그럼에도 우리들에게 주어지는 정보 자체는 동일하다. 집집이 배달되는 아침신문은 집집이 동일한 정보를 전달한다. 동일한 매체를 통해 전달받는 정보들은 그 수용자가 누구이든 상관없이 동일한 것이다. 다만 그러한 동일한 정보가 다양하게 해석될 뿐이다.

그렇다면 정보의 동일성과 해석 다양성은 어떻게 가능한 것일까? 나아가 정보의 진리는 증명될 수 있는가? 이러한 문제들에 대해 대답하기란 그리 쉬운 일이 아니지만, 만일 우리가 정보의 본질을 미리 이해할 수만 있다면 그 문제들에 대한 대답이 결코 불가능한 것은 아니다. 따라서 이제 정보가 무엇인지를 먼저 해명해본 뒤, 정보에서의 저 동일성과 다양성이 어떻게 발생하는지를 알아보고, 정보의 진위 문제를 검토해보고자 한다.

정보란 무엇인가

'정보' 그리고 'Information'

정보(情報)는 '적의 정황(情況)에 대한 보고(報告)'를 뜻하며, 정보부는 정보를 수집하고 분석하여 국가정책을 수립하기 위한 기초 자료를 제공하는 임무를 맡은 부서를 말한다. 만일 전시에 비밀정보원이 적에 관한 유용한 정보를 보내왔다면, 그 정보는 아군이 전황을 유리하게 이끌어가는 데 큰 도움을 줄 것이지만, 반대로 아군에 관한 중요한 정보가 적군의 수중에 들어갔다면, 그것은 아군에게 매우 위험한 일이 될 것이다. 제2차세계대전 당시 일본의 '해군정보부'는 동아시아의 전역에서 첩보활동을 벌여 각국에 대한 온갖 정보를 제공했을 뿐

아니라, 시시각각으로 급변하는 전황을 다양한 전술적 차원을 고려해 발표하는 부서였다.[3]

오늘날 '정보'라는 말은 보다 폭넓은 사용 의미를 갖는다. '정보 관리사' '정보원' '정보처리' '수험 정보' '입시 정보' '정보 제공자' '쓰레기 정보' '컴퓨터 정보'……. 이러한 사용에서 '정보'는 '어떤 것에 대해 무엇인가를 알려주는 것'을 뜻한다. 그것은 문서일 수도 있고, 한마디 말일 수도 있으며, 책이나 보고서, 그림이나 사진, 심지어 표정이나 침묵 등일 수도 있다. '정보'라는 말의 폭넓은 사용은 '정보'라는 낱말이 영어 'Information'의 번역어로서 채택되면서 가능케 된 것이다.

'Information'은 'In+form-a-tion'으로서 형식이나 틀로서의 'form' 속으로 집어넣어진(in-) 것을 뜻한다. 'information'이란 낱말은 '안내(案內)' 또는 '알림'이라는 일상적 의미를 갖고 있지만, 통신공학 또는 정보이론의 차원에서는 수량적 개념으로도 사용되고 있다. 전화선을 통해 전달되거나 컴퓨터를 통해 처리되는 데이터(data)가 곧 정보인데, 이러한 정보는 양적으로 정밀하게 측정될 수 있다.

오늘날 정보는 아날로그나 디지털 방식으로 전달될 수 있는 모든 것을 가리킨다. 보다 정확히 말해 'information'은 통신의 관점에서, 즉 주어진 데이터를 한 지점으로부터 다른 지점으로 유선 또는 무선을 통해 그리고 다양한 방식을 이용해 전달한다는 관점에서 이해된다. 이때 중요한 점은 전달되는 내용이 아니라, 전달의 정확성이나 신속성 그리고 효율성 등이 된다.

보기를 들어보자. 한 대학생이 자신의 학점을 확인하려 한다 치자. 그 학생은 학점이 A, B, C, D, F로 매겨진다는 것을 이미 알고 있지만, 아직 자신이 어떤 학점을 받았는지는 모른다. 물론 그는 나름대로 자신의 학점을 예측하고 있을 것이다. 만일 그가 A학점을 받았다면, 그가 다른 학점을 받을 가능성은 사라진다. 즉, 여러 가능성이 하나의 가능성으로 확정된다. 따라서 정보란 다수의 가능성을 줄여주는 것, 달리 말해, 불확실성의 정도를 줄여주는 것을 말한다. 이러한 정보 개념이 가능하기 위해서는 불확실한 기대치 내지 가능성이 앞서 주어져 있어야 한다.

이러한 정보 개념에 따르자면, 한국어 한 자의 정보량은 (그 특정 문자의 속성이나 의미를 뜻하는 게 아니라) 한국어 전체와의 관계에서 그 하나의 문자가 줄여줄 수 있는 불확실성의 정도로써 계산된다. 하나의 문자가 제공하는 정보량은 특정한 문맥 속에 나타날 가능성이 있는 문자의 총 수 N에 관계하고, 그 정보량은 N의 대수인 $\log N$으로 나타낸다. 예컨대 숫자 하나는 $\log_2 10=3.3$이 되는데, 이때의 값을 'bit'라 한다. 이것은 'binary digit'의 줄임말로서 '이진법체계로 나타낸 단위'를 뜻한다.

그러므로 정보량에서 중요한 바는 가능성의 종류라고 할 수 있다. 숫자는 그것이 아무리 큰 수라 할지라도 결국 10개의 부호로 이루어진다. 이를테면 0은 '0000'으로, 9는 '1001'로 나타낼 수 있다. 이러한 비트는 다양한 방식으로 나열될 수 있는데, 이렇게 나열된 비트를 코드(code)라 부른다. 영어 A는 '01000001'로 코드화된다.

컴퓨터에서 처리되는 모든 정보는 문자나 숫자를 막론하고 비트의 나열, 즉 코드로 표현된다. 문자와 비트와의 대응관계를 문자 코드라 하는데, 코드에는 숫자 코드, 음성 코드 등 다양한 종류가 있으며, 이러한 대응관계 및 제약 사항을 규정해 놓은 것을 '코드체계(code system)'라 부른다. 예로 아스키 코드(ASCII, American Standard Code for Information Interchange)가 있는데, 이 코드에는 영어 대문자와 소문자 52개, 0에서 9까지의 숫자 10개, +, -, !, @, # 등 특수 기호 등을 포함하여 총 128개의 문자가 정의되어 있다. 이 문자를 나타내기 위해서는 8비트면 충분하다.

이렇듯 '정보'라는 낱말은 주로 컴퓨터와 통신의 관점에서 사용되었지만, 점차 그 사용의 폭과 의미가 넓어져 오늘날에는 경제학적 측면에서 효용가치를 가진 '재화'란 의미로 사용되는 등 매우 다양한 분야에서 널리 사용되기에 이르렀다. 아니 '정보'라는 말은 현 시대를 규정하는 핵심어로서 사용된다. '정보사회'라는 말이 그 좋은 보기가 될 것이다. '정보'라는 낱말이 어느 정도로 폭넓게 사용되는지를 어림잡기 위해 잠시 '정보의 분류'를 살펴보기로 하자.

정보의 다양한 분류

정보는 우선 그것을 전달해주는 매체에 따라 분류된다. 매체의 종류가 곧 정보의 종류이다. 신문이나 TV, 잡지, 라디오, 오디오, 컴퓨터, 책, 사람 등이 매체들로서 개인이나 대중에게 정보를 전달한다. 매체에 의해 전달되는 정보를 우리는 '매체 정보'라 이름할 수 있다. 예를 들어 'TV 정보'라는 말은 'TV에 대한 정보'를 뜻할 수도 있고, 'TV를 통해 전달되는 정보'를 뜻할 수도 있는데, 후자의 경우를 '매체 정보'라 한다.

정보는 그것을 수집하는 수단이나 기구 등을 통해 분류될 수 있다. 망원경, 현미경, X레이, 관측, 실험, 여론조사, 취재 등을 통해 제공되는 정보들은 그러한 정보를 수집하는 도구나 기구가 없이는 획득이 불가능하거나 어렵다. 예컨대 세균이나 유전자 등에 관한 정보는 현미경과 같은 도구가 없이는 결코 제공될 수 없고, 화성에 대한 자세한 정보들은 천체 망원경이나 우주 탐사선 등이 없이는 확보될 수 없다. 컴퓨터가 원주율의 값을 계산해냈다면, 그 숫자의 나열은 (그 계산의 방식이 비록 인간에 의해 프로그램된 것일지라도) 컴퓨터 자체에 의해 제공된 것이다. 이러한 정보를 '기구 정보'라 한다. 오늘날 중요한 정보들은 고도의 기구들을 이용해 획득되고 있다.

정보는 그것이 전달되는 방식에 따라 분류될 수 있다. 전화는 사람의 목소리를 아날로그나 디지털 방식을 사용하여 전파로 전달한다. 만일 이 전파가 우리의 목소리 파장을 그대로 본떠 연속적으로 전송되었다면, 이때의 정보는 아날로그 방식으로 전송된 것이고, 만일 저 전파가 그것의 양자값으로 변환되어 특정의 신호값으로 전송되었다면, 그 정보는 디지털 방식으로 전송된 것이다. 디지털 방식으로 제공되는 정보는 오늘날 보다 중요해지고 있다. (이에 대해서는 다음 절에서 따로 다루기로 한다.)

정보는 또 그것의 형태에 따라서 분류되기도 한다. 음성의 형태로 주어지는 정보는 음성 정보라 하고, 문자로 제공되는 정보는 문자 정보라 불리며, 화상 또는 동영상의 형태로 저장되거나 전송되는 정보는 영상 정보라 한다. 흔히 컴퓨터를 통해 접근 가능한 정보들을 (그것들이 전자적 형태로 저장되고 처리되며 전달되기 때문에) 전자 정보라고 부른다. 그리고 그림이나 문서 또는 도표 등을 포함한 정보를 그래픽 정보라 한다.

정보는 그것이 저장되거나 보존되는 매체에 따라서도 분류될 수 있다. 종이에 저장된 정보는 문서 정보, 원반 레코드나 자기테이프 또는 디스크나 CD 등에 저장된 정보는 일종의 기록 정보로서 각각의 기록방식에 따라 명명된다. 오늘날 인터넷상의 사이버스페이스(cyberspace)는 통신과 저장을 동시에 수행하기 때문에 인터넷 정보나 웹 정보 등은 매체 정보이자 동시에 기록 정보라고 할 수 있다.

정보는 그것의 이용과 관련하여 학술 정보나 실시간 정보, 상업적 정보나 비상업적 정보로 분류될 수 있다. 학술 정보는 학문적 목적을 위해 사용되는 정보를 뜻하고, 실시간 정보(real time information)는 발생한 당시에는 나름의 가치를 갖지만, 그

이후에는 가치가 현격히 줄어드는 정보를 말한다. 예컨대 오늘의 날씨나 현재 시각에 대한 정보, 스포츠 신문에 실리는 재밋거리 기사, 또는 일상적으로 나누는 잡담 등이 여기에 속한다. 상업적 정보는 광고나 전자상거래와 같은 상행위를 목적으로 유통되는 정보를 말하고, 비상업적 정보는 그와 무관한 정보를 말한다. 또 이러한 분류에는 공공성을 목적으로 하는 공적인 또는 일반적인 정보와 사적인 차원에서 소통되는 개인적인 정보도 속한다.

정보는 그것이 전달하는 내용과 관련하여 분류될 수 있다. 여기에 속할 수 있는 정보는 헤아릴 수 없이 많다. 입시 정보, 취업 정보, 시험 정보, 날씨 정보, 관광 정보, 교통 정보, 결혼 정보, 부동산 정보, 주식 정보, 유전 정보, 물질 정보…….

정보는 그것의 사용료 유무에 따라 유료 정보와 무료 정보로 나뉘고, 정보의 질에 따라 고급 정보, 알짜 정보, 허위 정보, 사실 정보, 쓰레기 같은 정보 등으로 나뉠 수 있으며, 접근의 제한에 따라 비밀 정보, 공개 정보, 성인용 정보, 어린이용 정보, 회원용 정보, 손님용 정보 등으로 나뉜다.

현재 정보의 분류는 한없이 복잡해지고 있다. 이처럼 정보의 종류와 양이 기하급수적으로 증가한 까닭은 정보처리가 컴퓨터를 통해 손쉽게 이뤄지게 되었다는 데 있다. 오늘날 컴퓨터를 통해 처리된 정보는 '디지털 정보'이다. 그런데 정보를 처리하는 방식에는 크게 아날로그 방식과 디지털 방식이 있는데, 잠시 이 두 방식의 차이점에 대해 알아보자.

아날로그와 디지털은 무엇인가

정보를 처리하는 방식에는 크게 두 가지가 있다. 먼저 "아날로그(analogue) 방식은 음성, 음향 등 청각적 지각 내용이나 색채, 명암, 영상 등 시각적 지각 내용의 물리적 속성을 전류나 전압의 크기 등 전기적인 연속량으로 변화시켜 전달했다가 이를 다시 역방향으로 원상 복구하는 방식이고," 다음에 "디지털(digital) 방식은……어떤 형태의 정보라도 바이너리 코드를 이용해 정보의 단위를 1과 0이라는 비트로 분화시켜 이의 연속된 흐름을 전송함으로써 (아날로그에서와 같은) 기술적 한계를 극복한 것이다. 특기할 만한 것은, 이 디지털 방식의 정보처리 및 전달 과정에서는 음성, 문자, 영상 등 모든 정보 형태가 등질화되어 획일적으로 처리될 수 있다는 점이다."[4]

아날로그의 특징은 연속성에 있고, 디지털의 특성은 코드화에 있다. 아날로그 방식의 신호이든 디지털 방식의 신호이든 정보는 그러한 신호들이 우리의 감각을 통해 지각될 때에만 주어질 수 있다. 이를테면 텔레비전 시청자는 눈으로 그림을 보고, 귀로 소리를 들을 수 있지만, 그 그림과 소리의 신호 자체를 보거나 들을 수는 없다. 즉, 아날로그와 디지털 개념은 정보의 물질적 또는 신호적 차원을 규정짓는 것이다. 아날로그 신호는 실제의 물질적 상태 내지 흐름을 나름의 연속적 체계를 통해 전달하는 것을 말하고, 디지털 신호는 이러한 아날로그 신호를 나름의 분화와 처리 그리고 재생의 과정을 거쳐 전달하는 것을 말한다.

모든 정보는 파(wave)로 이루어진다고 할 수 있다. 소리 정보는 공기의 진동을 '전기 신호의 파'로 변환시킨 것이고, 영상 정보는 빛의 강약을 '전기 신호의 파'로 형태를 바꿔 기록한 것이다. 아날로그 신호와 디지털 신호의 차이는 이러한 소리와 빛의 파(波)를 기록하는 방식의 차이에서 비롯된다.

아날로그 신호는 주어진 파의 형태를 있는 그대로 모조리 기록한 것을 말한다. 예컨대 LP(long playing record, 1분에 $33\frac{1}{3}$ 회전)의 검정색 판에는 얇은 홈이 연속적으로 새겨져 있는데, 이 홈은 녹음할 때 소리의 진동이 파(波)로 변형되고, 변형된 파형(波形)의 강약이 LP판 위에 요철의 높낮이로 기록된 것이다. 이 홈의 높낮이가 바늘에 의해 해독되어 다시금 전기 신호 파로 바뀌고, 이 신호는 소리의 진동으로 변환되어 우리의 감관에 지각되는 것이다. LP에는 음성소재의 모든 것이 기록된다. 따라서 잡음이 많이 섞여들지 않을 수 없다.

반면 디지털 신호는 파형을 샘플링한 결과값으로 이루어진다. 소리 정보의 경우, 음파를 시간축으로 정렬하여 잘게 분해한 뒤 그 각각의 시간에서 측량된 음파의 세기를 모두 수치화한 값의 연속이 곧 디지털 신호이다. 따라서 디지털 신호는 실제로는 계단 또는 지그재그 형태를 띤다. 하지만 이러한 단절 내지 분절은 사람의 눈과 귀에는 전혀 감지되지 않을 정도로 세분화되기 때문에, 그 신호가 우리의 눈과 귀에 전달될 때,

우리는 아무런 불연속성도 느끼지 못한다.

아날로그는 자연에 있는 그대로의 상태를 연속적으로 표현하는 방식을 말하고, 디지털은 그 상태를 이러한 연속량의 대표값으로 표현하는 방식을 말한다. 만일 싸인 곡선을 그리는 사람의 말소리를 아날로그 방식으로 전송한다면, 이 음성 데이터는 멀리 전송될수록 보다 많이 감쇄되고 찌그러들 것이고, 결국 수신자는 그 소리가 무슨 소리인지 전혀 알아듣지 못하게 된다.

반면 사람의 말소리를 디지털 방식으로, 즉 소리의 연속적 싸인 곡선을 그 대표값을 추출해 전송한 뒤 수신자 쪽에서 그 값을 아날로그 형태의 음성으로 복원하는 방식으로 전달한다면 양질의 통화상태를 유지할 수 있다. 물론 디지털 신호의 경우에도 감쇄와 열화는 피할 수 없지만, 약 1.5km 간격으로 설치되어 있는 중계기(repeater)를 통해 원래의 신호가 계속 복원되어 다음 구간으로 전달될 수 있기 때문에 정보의 질이 크게 훼손되지 않는다.

아날로그 신호를 디지털로 변환하는 데는 표본화(sampling)와 양자화(quantization)의 과정을 거쳐야 한다. 샘플링(표본화)은 연속적인 신호를 일정한 간격으로 분할하여 표본값을 뽑아내는 과정을 말한다. 유선 전화의 경우 샘플링은 1초에 8,000번 이루어진다. 이때 샘플링 주파수 fs는 8,000Hz(=8KHz)가 된다. 소리이든 영상이든 샘플링 주파수가 높을수록 데이터는 보다 미세한 부분까지 디지털 신호에 저장된다. 사람의 가청 주파수는 20KHz이므로, 음향의 경우 샘플링 주파수가 그것의 2배인 40KHz를 넘으면 원래의 아날로그 신호를 완벽하게 복원할 수 있다. 전화의 경우 사람의 목소리를 3.4KHz 정도까지만 전송하면 알아듣는 데 지장이 없으므로 샘플링 주파수는 그것의 2배인 6.8KHz에 여유를 두어 8KHz로 샘플링한다.[5]

샘플링값은 연속적 실수로 표시된 함수값이다. 이 값은 컴퓨터가 처리할 수 있는 비트로 전환되어야 하는데, 이것이 곧 양자화이다. 서로 다른 샘플링값은 동일한 양자화 구간에서는 같은 값을 갖게 된다. 이것은 85점부터 89점 사이의 학생이 모두 동일한 학점을 받게 되는 것에 비길 수 있다. 이를테면 아날로그 음성 신호를 8비트로 양자화했을 때 나타낼 수 있는 값은 2의 8제곱, 즉 256개가 되고, 데이터량은 $8 \times 8k = 64k$ bps(bit per sec)이다. 이 수치가 의미하는 바는 샘플링이 1초 당 8,000번 이루어졌고, 이 각각의 샘플링값은 8개의 비트로 표현되었다는 것이다.

오늘날 정보는 점차 디지털 방식에 의해 제공되고 있다. 그 까닭은 정보가 아날로그 방식보다 디지털 방식에 의해 보다 고화질과 고음질의 상태로 제공될 수 있기 때문이다. 이렇게 '선별적으로 기록하는 방식'이 '있는 그대로 모조리 기록하는 방식'보다 더 질 좋은 정보를 제공할 수 있는 까닭은 디지털 방식이 소음을 제거하고 순수한 신호만을 재현시켜줄 수 있기 때문이다. 반면에 아날로그 방식의 정보 속에는 매질과 헤드의 마찰 등에서 발생하는 소음이 필연적으로 포함되지 않을 수 없다.

디지털 방식은 전달하고자 하는 신호만을 거의 그대로 기록할 수 있고, 또 기록된 신호를 완벽하게 재생할 수 있다. 뿐만 아니라 디지털 정보의 장점으로는 다음과 같은 것들이 있다. 첫째, 정보의 저장이 쉽고, 교정이 용이하며, 경제적이다. 둘째, 입력과 저장 그리고 출력이 사이클을 이루며, 주변기기의 발달로 대부분의 업무를 디지털화할 수 있다. 셋째, 여러 유형의 정보를 하나의 통일된 형식으로 표현할 수 있다.6)

디지털 신호는 0과 1의 이진법으로써 표현되기 때문에 데이터의 가공과 교환이 용이할 뿐 아니라, 원본과 원칙상 아무런 차이를 발견할 수 없는 복제물들을 무제한으로 만들어낼 수 있다. 디지털 정보 자체는 '비트 열(bit stream)'로서 구성된다. 비트는 우리에게 감각 가능한 물질이 아니다. 따라서 디지털 정보는 그 정보를 처리해주는 기기 없이는 우리에게 아무것도 알려줄 수 없다.

만일 정보의 본질이 '알림'에 있다면, '아무것도 알리지 못하는 정보'는 정보로서의 가치가 없다. 디지털 정보는 (오케스트라 음악이 다양한 요소의 악기 소리들로 구성되듯이) 정보처리장치 및 정보기억장치 등을 통해 함께 구성된다. CD 음반은 (그 자체 속에 디지털화된 음악 정보가 담겨 있을지라도) 그것이 아직 CD 플레이어를 만나지 못하는 한, 그 자체 내에 저장된 어떠한 음악 정보도 제공하지 못한다. 즉, 디지털 정보는 벽의 그림처럼 '그 자체로 이미' 정보를 내보일 수 있는 것이 아니다. 디지털 정보는 '아날로그-디지털 변환 과정'을 거쳐야 한다. 그것은 '기술적 조작'을 필요로 하며, 전자기술적으로 생산된 것이다. 즉, 디지털 정보는 '그 자체로 있는 것'이 아니라, '정보기술에 의존해 있는 것'이다.

디지털 정보는 그것의 신호적 차원, 즉 정보 내용이 담겨지는 물질적 재료가 전자공학적으로 처리되는, 지극히 가변적이고 미시적이며 섬세하고 유연한 것(비트)이기 때문에, 그 자체의 창출과 폐기 그리고 복제와 전달과 확산이 용이하다. 또 그 산출의 과정이 수학적으로 조작되기 때문에 확실하고 안전할 뿐 아니라, 기존의 다른 모든 정보양식들을 모두 포괄할 수 있어서 기존의 어떤 정보매체보다 우수하고, 심지어 인간의 정서를 가장 잘 전달할 수조차 있다. 그것은 정보처리기로서의 'computer(셈하미)'와 'network(그물짓기)' 기술의 눈부신 발전에 기인한다.

정보의 본질 : 정황의 알림

그러나 정보는 그것이 전달되고 기록되는 신호(signal) 또는 매체(media)와 동일한 것이 아니다. 재미있는 보기를 들어보자. 어떤 유전학자가 영화 「쥬라기 공원」에서처럼 모기 화석에서 모기의 유전자와 전혀 다른 유전자를 발견했다 치자. 그런데 발견된 유전자가 어떤 동물의 유전자인지는 이제까지 전혀 알려진 바 없다. 그 유전자 구조가 완전히 해명되었다 손치더라도 그 유전자 속의 정보는 여전히 해독되지 않은 채 있다. 유전 정보는 그 유전자로부터 하나의 개체─예를 들면 6천5백만 년 전에 멸종된 공룡─가 생성됨으로써 해독되는 것이다.

다른 보기를 들어보자. 영어를 전혀 모르는 사람이 어떤 영어책을 얻었다 치자. 그는 분명 책을 손에 들고 있지만, 그 책 속의 글자들은 전혀 읽을 수도, 따라서 그 의미를 파악할 수도 없다. 비록 그 책 속에 아무리 값진 정보가 담겨 있을지라도, 그것을 읽고 이해할 수 없다면, 그 정보는 어떤 의미에서는 아직 주어져 있지 않다.

종이 위에 잉크로 씌어진 문자 신호(책)나 CD에 저장된 전자 신호(software)는, 그것들이 해석되거나 해독되지 않는 한 아직 자체 속에 담긴 어떠한 정보도 내줄 수 없다. 물론 종이가 망가졌거나 CD가 손상을 입었다면, 그러한 물질 위에 특정의 신호체계로 기록된 정보 또한 그만큼 상실되게 마련이다. 정보는 물질(신호)이 아니지만, 반드시 어떤 물리적 현상을 통해서만 존재할 수 있고 표현될 수 있다. 그렇기 때문에 우리는 흔히 정보를 담고 있는 물리적 신호 자체를 정보와 동일시하곤 한다. 그러나 정보와 '정보 신호'는 똑같은 게 아니다.

정보는 정황에 대한 보고이다. 보고는 구두나 문서로 이뤄질 수도 있고, 모르스 부호나 이메일로 전송될 수도 있다. 이때 보내진 보고는 받는 이가 이해할 수 있어야 한다. 해독이나 해석이 불가능한 보고는 아무런 정보도 전달하지 못한다.

'정황(情況)'은 상황(狀況)의 발자취, 즉 어떤 상황이 이제까지 벌어져온 과정으로서 이해될 수 있다. '보고(報告)'는 '알리는 글이나 말'을 뜻한다. 따라서 정보는 '정황에 대한 알림글이나 알림말'이다. 글과 말은 알림의 뛰어난 방식(수단)이다. 기호(記號)나 신호(信號) 또한 그러하다. 인포메이션(information)이라는 낱말에도 '알림의 뜻'이 들어 있다. 이때의 알림은 말과 글을 통한 알림, 즉 보고를 통한 알림이다. 보고는 전달(傳達)되는 것, 커뮤니케이션(communication)의 대상이다. 정보는 이렇듯 보내질 수 있는 보고를 통해, 그 보고 자체 속에 담긴 상황을 알리는 것이다.

그렇다면 정보는 보고 자체도 아니고, 상황 자체도 아니다. 정보는 어떤 사람이나 기계에 의해 특정한 목적이나 의도 아래 수집되어 나름의 이해 가능한 체계로 전달되는 것이다. 전달의 체계는 배우거나 가르칠 수 있다. 정보에는 언제나 '보내지는 것 자체(보고)'와 '그것을 통해 알려지는 것(상황)'이 함께 속해 있어야 한다. 정보를 준다는 말은 우선은 보고 자체를 준다는 것을 뜻하지만, 그러나 본질적으로는 '무엇인가에 대한 앎'을 준다는 것을 의미한다. 여기서 '앎을 준다'는 말은 앎이라는 물건을 건네준다는 의미로 이해되어서는 안 되고, 오직 '알게 해준다'는 뜻으로 받아들여져야 한다. 정보를 준다는 것은 보고를 줌으로써 결국 상황을 알게 해준다는 것이다. 알게 해줌은 앎을 뜻하는 게 아니라 알림을 의미한다. 따라서 정보의 본질은 '보고를 통한 상황의 알림'에 있다.

알림은 '앎을 주는 것'이 아니라 '알게 해주는 것', 즉 '앎을 허용해주는 것'에 그칠 뿐이다. 정보의 전달이 곧 앎의 전달은 아니다. 앎은 전달된 정보 속에서 우리 스스로가 캐내어 가질 수 있는 것이다. 캐냄 없이는 앎도 없다. 오늘날 정보는 수고를 거의 들이지 않고도 쉽게 캐낼 수 있는 방식으로 제작되어 전달되고 있다. 그렇기에 정보와 지식이 동의어로 쓰일 정도가 되었다. 그럼에도 그 둘은 결코 똑같은 말이 아니다. 정보를 갖고 있다는 말과 지식 내지 앎을 갖고 있다는 말은 큰 차이를 갖는다. 정보는 보내질 수 있는 물질 속에 저장되어 있는 것이지만, 앎은 두뇌 속에 기억되어 활용되거나 정신적으로 이해되는 것이다.

그러나 정보가 언제나 '사실에 대한 보고'인 것만은 아니다. 만일 우리가 전화번호부에 기재된 번호대로 전화를 걸었는데 그 번호가 틀렸다면, 이때 전화번호부는 우리에게 '틀린 사실 내지 거짓 상황에 대한 보고'를 제공한 셈이다. 이때 우리는 바뀐 전화번호를 알아내고자 할 것이다. 틀린 보고는 우리가 필요로 하는 정보를 제공해주지는 못하지만, 그 보고의 틀림이 확인되는 한, 그 틀린 보고 자체도 우리에게 중요한 정보, 즉 기존의 보고가 틀렸다는 사실에 대한 정보를 제공해주는 셈이고, 더 나아가 그 틀리게 된 까닭이나 원인 등에 대한 다양한 상황을 떠올릴 수 있게 해주기도 한다.

정보는 '다양한 상황이나 사실에 대한 보고', 즉 '다양한 상황이나 사실을 알려주는 것'이지만, 그러나 그 알림의 참/거짓은 보고 자체를 통해서는 결코 결정될 수 없다. '보고 자체'는 나름의 형식과 짜임새(체계)를 가져야만 한다. 그것은 보고가 근본적으로는 '공유(함께-나누기)'를 목적으로 한 것이기 때문이다. 보고는 커뮤니케이션(전달/함께 나누기)의 수단이다.

이를 위해 보고는 '함께-나눔'의 가능성을 갖고 있어야만 한다. 보고자가 자기 자신만 알아볼 수 있는 '사적 언어'로 보고서를 작성했다면, 그 보고서를 읽는 다른 사람들은 보고서 자체가 해독되지 않아 보고자와는 끝내 아무런 정보도 공유할 수 없게 될 것이다. 보고의 양식과 짜임새는 배우거나 가르칠 수 있는, 즉 공유 가능한 보편성을 가져야 하지만, 상황이나 사실 파악은 스스로, 즉 개별적으로 알아낼 수밖에 없는 것이다. 물론 이러한 개별적 파악도, 그것이 공통의 보고 형식으로 정보화되는 한, 나름의 보편성을 획득할 수 있다.

'상황을 알려주는 보고'로서의 정보에는 보고의 측면과 상황의 측면이 함께 속한다. 정보의 이러한 이중성은 정보에 대한 혼란을 낳는다. 더욱이 오늘날 디지털 정보의 일반화와 통신수단의 발달로 말미암아 '정보'와 '정보전달'이 거의 동일한 의미로 이해되기 시작했다. 핸드폰(손전화기)의 전화요금이 통화내용이 아닌 통화시간으로써 책정되듯이 통신시간이 마치 정보전달시간과 동일시된다.

그러나 통화량(통신량)은 정보량과 반드시 비례하지 않는다. 보기를 들어보자. 외출중인 엄마가 집으로 전화를 걸어 신나게 놀고 있는 아이들에게 "정리정돈 잘 해!"라고 말하는 경우와 "인형은 바구니에 넣고, 연필은 연필통에 넣고……" 하는 방식으로 일일이 열거해서 말하는 경우, 만일 아이들이 정리 정돈이라는 말을 이미 이해하고 있다면, 이 두 경우 아이들에게 전달된 정보는 동일하겠지만, 전달된 신호의 양이라는 측면에서 보자면 후자의 경우가 훨씬 많다고 할 수 있다.

따라서 전달되는 정보와 수량적으로 계산 가능한 정보량은 동일한 것이 아니다. 이러한 혼란이 제거되기 위해서는 무엇보다 정보가 이중의 방식으로 존재한다는 사실, 즉 정보가 실재성과 가상성을 동시에 갖는다는 사실에 주목해야 한다.

정보의 실재성과 가상성에 대한 철학적 고찰

정보기술이 현대사회를 움직인다

앤소니 기든스(Anthony Giddens)는 현대세계를 '질주하는 세계'로 규정한다. 조직화된 현대사회는 여러 가지 핵심적인 면에서 이전의 모든 문화 및 생활방식과 큰 차이를 갖는다. 그것은 현대에서의 사회 변동 속도가 그 이전에 비해 훨씬 더 빠를 뿐 아니라 그 범위나 심도 또한 더 거대하고 깊기 때문이다. 기든스는 현대의 역동적 성격을 크게 세 가지로 규정한다.

첫째, 시간과 공간의 분리 : 시간은 공간으로부터 분리되고, 공간은 장소로부터 분리되며, 그로써 시간과 공간이 '사회적 조직화'를 위해 재통합된다.

둘째, 사회제도의 (지역적 구속으로부터의) 탈피 : 예컨대 화폐는 시간(언제든 이용 가능)과 공간(어디에서든)의 제약을 넘어서게 해준다. 그로써 개인의 삶의 지평은 상대적으로 안전하고 넓어지게 되었다.

셋째, (지속적 수정을 목적으로 하는) 철저한 성찰성 : 현대인들은 현대적 제도를 구성하는 새로운 정보나 지식에 대한 성찰을 통해 삶의 조건들을 파악하고 보다 나은 방향으로 수정해간다.7)

오늘날 세계의 역동성은 끊임없이 생산되는 새로운 지식과 정보들로 말미암은 것이다. 정보의 물결은 더욱 거세져가고 있고, 기존의 지식 정보들이 완전히 폐기되는 혁명이 초래되기도 한다. 변화가 '시대의 깃발'이 되었기에, 이제 자연과학의 영역에서조차 지식 정보의 확실성은 더 이상 미덕이 아니다. 오히려 의심과 회의가 미덕이다. 이러한 불확실성은 전문가 집단을 넘어 대중에게까지 확산되고 있다.

이러한 현상의 배후에는 '대중매체'가 놓여 있다. 오늘날의 '지배적인 매체'인 인터넷(컴퓨터)과 기존의 '지배적 매체'인 신문 그리고 TV 등은 엄청난 양의 정보를 대중적으로 전달하고 있다. '질주하는 현대'의 출현은 '매체혁명'에 바탕해 가능케 되었다고 할 수 있는데, 오늘날의 정보혁명은 전달 내용이나 정보(메시지) 자체보다 그 전달형태—디지털화—때문에 이루어진 것이라고 할 수 있다.

　그런데 정보혁명은 현대인들의 현실인식을 크게 뒤바꾸어 놓았다. 현대인들은 '정보매체에 의해 매개된 경험'을 통해 자신이 살아가는 현실을 파악한다. TV를 통해 매개되는 현실에서 파업소식과 의학상식과 연예소식 등과 같은, 서로 다른 상황들로부터 발생한 정보들은 시공간적 제약을 넘어 콜라주 방식으로 함께 편집된다. 뿐만 아니라 사람들은 점차 자기 이웃에서 일어난 사건이든 아니면 지구 밖에서 일어난 사건이든 매체를 통해 전달되는 정보들에 대해서만 현실감을 갖게 된다. 이러한 '콜라주 효과'와 '현실 전도감'으로 인해 현대인들에게는 자신의 직접적 경험보다 매개된 경험이 더욱 현실감을 갖게 되고, 더 나아가 오늘날 범람하는 정보들은 현실을 비추는 거울에 그치는 게 아니라 아예 현실 자체를 형성하고 있는 것이다.

　현대사회는 '정보사회'로 불린다. 정보사회의 도래는 정보기술의 발전에 따른 것이다. 정보기술은 정보화(현대)를 규정하는 핵심 기술로서 보편성과 일원성 그리고 자기 확장성을 띤다.[8] 그렇기 때문에 정보기술은 무연관적으로 흩어져 있는 수많은 현상들 내지 정보들을 한데 수집하고, 체계적으로 분석하며, 새로운 형태로 조직하는 일을 요구한다. 급증하는 정보량이 정보기술의 발달을 촉진하고, 기술의 발달은 다시금 정보량의 재급증을 초래한다. 정보기술은 의사소통에서 공간적 제약을 극복하여 보다 정확하고 보다 풍부한 정보를 널리

전하려는 목적을 달성코자 고안되고 발전된 기술이다.[9]

정보기술은 현대를 근본적으로 규정짓는 기술이다. 정보기술을 통해 생산된 '온갖 정보들'은 이제 '새로운 차원', 말하자면 '사이버 세계(Cyber World)'를 구성하기에 이르렀다. 정보처리기계로서의 컴퓨터를 통해 열리는 이 '가상세계'는 '디지털 정보'에 의해 구축된다. 가상공간은 일종의 '정보공간이다. 그곳에서 접속인들은 서로 빛의 속도로 연결될 수 있고, 필요한 모든 정보를 검색해 얻을 수 있으며, '자기 자신'을 다양하게 표현할 수 있다. 게다가 접속인들은 전자상거래를 할 수 있고, '가상 공동체'를 만들거나 '게임'을 즐기는 등 다양한 방식으로 그곳에 '거주'할 수도 있다.

'상황을 알리기 위한 보고'로서의 정보가 어떠한 방식으로 존재하기에 그것이 '가상세계'와 같은 것을 구성할 수 있고, 또 정보가 어떠한 방식으로 존재하기에 그것이 '구조를 갖춘 물질'로 규정되어 수학적으로 연구될 수 있는가? 일반인들 누구나 정보를 사용하고, 정보가 있거나 없다는 사실의 의미를 잘 알고 있다. 이러한 사용 속에서 정보는 단순히 '구조를 갖춘 물질'인 것만이 아니다. 사람들이 정보에 대한 정의를 '정보=데이터+의미'와 같은 식으로 제공한다 손치더라도, 이 정의는 아직 '정보의 실재와 본질'을 충분히 반영하고 있지 못하다.

정보의 이중적 존재방식이 어떠한 것인지를 파악해보기 위해 우리는 먼저 정보에 대한 '객관적 이론과 주관적 이론'의 대립을 살펴볼 필요가 있다. 정보는 주관적으로 있는 것인가, 아니면 객관적으로 있는 것인가?

정보에 관한 주관주의적 이론과 객관주의적 이론

이 두 이론의 갈등을 구체적 보기를 통해 제시해보자. 녹음기는 실제의 목소리를 받아들여 처리한 뒤 저장하거나, 그렇게 저장된 목소리 정보를 재생하기 위한 도구이다. 이때 저장매체는 다양할 수 있다. 문제는 여기서 저장된 것이 정보인가 하는 것이다. 주관주의적 정보이론에 따르자면, 정보는 신호가 아니라 신호가 전달하는 의미(신호의 내용)이기 때문에, 녹음기에 저장된 것은 단순한 '물리적 신호'이지 '정보'가 아니게 된다. 정보는 주어진 신호의 의미가 이해되거나 해석될 때만 주어진다. 만일 이해와 해석이 언어와 그 사용자 없이는 불가능하다면, 결국 정보는 본질적으로 인간의 협약적 언어와, 궁극적으로는 인간 주관에 의존해 있는 셈이다.10)

반면 객관주의적 정보이론에 따르자면, 녹음기에 저장된 것은 분명 정보이다. 즉, 녹음기는 인간이나 침팬지, 온도계나 컴퓨터 등과 마찬가지로 분명 정보를 처리하는 장치이다. 물론 녹음기가 인간처럼 정보를 '기억하는 것'은 아니다. 녹음기는 '주어진 신호'를 인지적으로 유의미한 어떤 것으로 변환하지 못한다. 왜냐하면 녹음기에는 믿음의 가능성이 전혀 주어져 있지 않기 때문이다. 바꿔 말해, 만일 어떤 정보처리도구

(컴퓨터)가 믿음과 같은 인지적 상태를 보유할 수 있다면, 인공지능이 실현될 수 있는 셈이다.

오늘날 컴퓨터의 인공지능은 계산의 영역에서 이미 인간 지능의 한계를 넘어서고 있고, 이러한 영역은 점차 확장되고 있다. "자료의 처리 용량이나 연산 속도뿐만 아니라 추리나 지각의 정확성에서도 인간을 능가"하고 있는 것이다.[11] 그러나 정의(情意, emotion)나 자의식과 관련된 영역은 컴퓨터가 도달하기 불가능한 영역으로 여겨진다. 감각과 욕구는 생물학적 토대 및 두뇌 신경망을 필요로 할 뿐 아니라, 자의식은 문화와 역사와 깊은 관련을 갖기 때문이다.

주관주의적 정보론에 따를 때, '임의의 신호 e가 P라는 내용의 정보를 담고 있다'는 말은 궁극적으로 '임의의 신호 e는 이상적인 해석자 S에 대해 P를 의미한다'로 분석된다. 즉, 정보는 모든 신호에 대한 '이상적 해석자'가 있을 때에만 가능하고, 정보를 전달하는 매체의 원초적 기본 단위는 일상적 언어의 유의미한 서술 문장으로 제한된다.[12] 그런데 정보가 이렇게 '언어적 매체'에 의해서만 전달될 수 있다면, '존재하는 모든 대상이나 사태' – 예컨대 몸짓, 신발의 흙, 하늘에 몰려드는 먹구름 등 – 로부터 얻은 유용한 정보들은 '언어적 정보'로 환원되어야 할 것이다.

그러나 예컨대 한 편의 그림이 나타낼 수 있는 특정한 색이나 형태 또는 그 느낌들, 말하자면 그림 속에 담긴 정보들은 '언어적으로는' 결코 완전히 전달될 수 없다. 더 나아가 언어의 의미가 궁극적으로는 지시체와 같은 '비언어적 매체'에 의존할 수밖에 없다면, '언어적 환원주의'는 포기되어야 한다.

반면 객관주의적 정보론에 따를 때, "하나의 사건이 또 다른 사건에 대한 정보를 담고 있을 수 있는 것은 두 사건들, 혹은 두 개별 사건이 예화하는 사건 유형들 간의 법칙적 관계 때문이다."[13] 예컨대 불이 나면 연기가 난다는 것은 자연법칙이고, 따라서 숲 속에서 나는 연기는 (인식적 주관이 그것을 해석하든 안 하든) '숲 속에 불이 나고 있다'는 정보를 담고 있다.

연기 속에 '불이 나고 있다'는 정보가 담길 수 있는 것은 해석에 달린 문제가 아니라 자연의 법칙성 또는 규칙성에 의존해 있는 것이다. 그렇다면 '이 책상은 노랗다'라는 정보는 언제나 동일한 양의 신호에 의해서만 전달되어야 하고, 따라서 이 신호보다 더 많은 양의 신호는 동일한 정보를 담고 있을 수 없다. 신호 속에 담긴 정보는 '진리', 즉 '참인 사실'에 국한되어야 한다. 만일 검은 책상에 대해 누군가 '노랗다'라고 말했다면, 그 말은 유의미하긴 하지만 책상의 상태에 대한 정보를 전달할 수는 없다. 객관주의적 정보론은 정보를 '참인 정보'로 제한한다.

그런데 객관주의적 정보론은 근본적으로 수학적 정보이론에 바탕해 있다. 이 말은 정보가 개별 사건들의 평균 정보량으로 계산된다는 뜻이다. 책상이 노랗든 파랗든 그 둘은 모두 동일한 정보량을 낳는 한 동일한 정보로 간주된다. 이러한 정보이론에서 정보의 구체적 내용은 전적으로 무시된다. 이때 정보는 '불확실성의 축소(reduction of uncertainty)'와 동일한 것이다. 정보량은 한 사건의 발생 확률에 반비례한다. 이에 따르자면, '책상은 노랗다'는 '책상은 노랗거나 파랗다'는 것보다 더욱 상세하고 풍부한 정보를 담고 있다. 왜냐하면 앞말은 책상과 관련해 발생할 수 있는 불확실성, 즉 파랄 수 있는 가능성을 제거하고 있기 때문이다.

정보에 대한 객관주의적 이론은 정보가 실제의 사물 속에 내재해 있고, 따라서 정보는 그것을 알아보거나 해석하는 사람이 있든 없든 객관적으로 실재한다고 말한다. 정보는 인간이나 사람보다 앞서 있는 셈이다. 인간은 사물 속에 법칙적 또는 규칙적으로 들어 있는 정보를 뒤늦게 파악한다. 그 결과로 언어가 발생한다. 'DNA'라는 유전 정보는 우리들의 세포 속에 내재해 있고, 인간은 나중에야 그러한 정보를 발견하여 그것을 유의미한 언어 내지 기호로써 체계화한다는 것이다. 반면 주관론에 따르자면, 그러한 정보란 인간에게 해석되기 전까지는 아무 의미도 없으며, 따라서 그것은 아직 '정보'일 수 없다. 정보는 주어진 '물리적 신호'가 어떻게든 해석되었을 때 비로소 가능하다. 아니 정보는 본질적으로는 신호의 의미이다.

그런데 정보에 대한 주관주의적-객관주의적 이론은 근본적으로 정보에서의 단일적 현상, 즉 정보가 언제나 '어떤 것에 대한 정보'이며, 더 나아가 '정황에 대한 보고'라는 사실을 너무나 쉽게 무시하고 있다. 주관주의적 정보론은 정보 현상으로부터 그 대상의 '자체 존재'를 괄호치려 하고, 객관주의적 정보론은 반대로 정보의 해석 의존성을 망각하고 있다. 이 두 이론은 '정보의 존재에 대한 물음'을 묻기도 전에 '정보가 무엇인지'를 '주관-객관'의 도식을 빌어 설명하려 하고 있다. 이때 '객관'은 '주관에 의존해 있지 않음'으로서 그리고 '주관'은 '객관에 의미를 부여하는 주체'로서 규정된다. 이때 주객의 연관 자체는 문제시되지 않는다.

정보의 실재성에 대한 현상학적 분석

정보는 실재한다. 그렇다면 정보는 실재성(Realität)에 의해 규정되는 셈이다. 실재성은 존재양식(Seinsart)의 하나로서 존재론적으로는 인간의 존재방식에 근거한다.[14] 그러나 서양의 전통적 존재해석은 눈앞의 사물이 존재하는 방식을 기준으로 삼아 수행되었다. 존재자는 우선 눈앞의 사물(res)로 파악되고, 존재자의 존재는 실재성으로 규정된다. 그리고 존재에 대한 근본적 규정은, 자신의 있음을 위해 자기 이외의 다른 어떤 것도 필요로 하지 않는다는 실체성을 통해 주어진다. 실체로서의 사물은 실재한다. 인간도 실체이다. 그렇다면 인간도 실재한다. 이제 존재하는 모든 것은 실재성에 의해 규정된다. 실재성은 존재자의 존재의 일반적 의미가 된다.[15]

그러나 하이데거에 따르자면, 인간은 실존(Existenz)하고, 도구는 손안에 있으며(Zuhandensein), 사물은 눈앞에 있고 (Vorhandensein), 이념이나 가치는 타당하며(Geltung), 작품은 진리의 발생사건(das Geschehnis der Wahrheit)으로서 있다. 이렇듯 존재자의 존재방식은 각기 상이하게 규정될 수 있다. 정보는 상황과 같은 사건인 것만도 아니고, 보고와 같은 '체계화된 물질'인 것만도 아니며, 그것을 수집하고 처리하며 사용하는 인간과 무관한 것도 아니다. 그렇다면 정보의 실재성은 이러한 다중성을 포함해야만 한다. 우선 우리는 우리가 실재하는 것으로서의 정보를 어떻게 만나는지부터 살펴보자.

정보는 사람들에게 보통 학문적 인식의 대상으로 만나지지 않고, 사용의 대상으로 만나진다. 정보가 사용된다는 것은 그것이 사용자의 특정한 목적에 기여하는 바가 있을 때 가능하다. 쓸데없는 정보는 버려진다. 정보사용의 목적은 사용자 자신이 실현하고자 하는 특정의 가능성에 있다. 목적 없이는 정보도 없다. 이때 정보는 일종의 수단이나 도구로 이해되는 셈이다. 정보에 대한 학문적 연구는 저 사용 목적을 보다 잘 달성하기 위한 체계적 활동, 또는 정보 자체에 대한 주제화에 다름 아니다. 주제화란 주어진 대상을 '그것 자체'로서 분석하는 것을 말한다. 주제화를 통해 그것 자체로 연구 대상이 될 수 있는 정보는 나름의 실체성을 획득하는 셈이고, 실체적인 어떤 것은 실재하는 것으로 규정된다.

그렇지만 주제화에는 어떤 주목이 요구되고, 따라서 자신이 추구하던 목적을 실현하기 위해 여기저기 두루 흩어져 있던 시선들을 한군데로 모으는 일이 필요하다. 실재적인 것으로 이해된 정보는 이러한 주제화를 거친 것이다.

하지만 우리는 분명 주제화 이전의 정보도 일상적으로 사용하고 있다. 이를테면 에스컬레이터 위에 명기된 '뛰지 마십시오'라는 글귀는 전철 이용자들에게는 흔히 접할 수 있는 정보이다. 이 동일한 문구는 다양한 모습으로 여기저기 나붙어 있는데, 이는 어떤 위험 상황을 경계하기 위한 것이다. 이 금지적 정보는, 그것을 적절히 해독한 사람에게는 '에스컬레이터 이용시 닥칠 수 있는 어떤 위험 상황에 대한 경고'를 말해 주지만, 그것을 해석할 수 없는 사람에게는 '그 뜻을 알 수 없는 문자 기호'로서 나타날 것이다. 후자의 경우, 정보의 내용은 전달되지 못한 채 불발 상태에 머문다.

일상적으로 만나는 정보는 그것의 해독자에게 그 속에 담긴 상황을 열어줌으로써 '그 상황 속에 처할 수 있는 준비' – 피함이나 다가감 또는 조심함 – 를 갖추도록 해준다. '뛰지 마십시오'라는 글귀는 그것이 이미 의미 있는 상황을 자체 속에 간직하고 있을 때에만 나름의 상황을 열어 보일 수 있다.

이를 위해서는 정보 전달체로서의 글귀 자체가 올바르게 이해될 수 있어야 한다. 이를테면 'ㄸ지 롱십시오'라는 잘못 씌어진 글귀는 그것 자체가 이해될 수 없기 때문에 그 속에 담긴 내용을 전달할 수 없다. 또 에스컬레이터를 타는 상황에서 접하는 '웃지 마십시오'라는 글귀는 (비록 그 말 자체의 내용이 아무 문제없이 이해될 수 있을지라도) 전혀 신뢰할 수 없다. 이때 그 문구는 '정신 나간 알림'인 셈이다. 정보 속에 담긴 내용은 정보에 대한 신뢰성이 어떻게든 주어져 있을 때에만 유의미하게 받아들여진다.

그런데 이와 비슷한 내용의 정보가 '뛰지 마!' '뛰지 말 것' '계단주의' '뛰면 다침' 'Watch Step' 등과 같은, 그 느낌에서 서로 조금씩 차이가 날 수 있는 글귀들로 제공될 수도 있고, 더 나아가 기호나 신호, 아이콘이나 색깔, 소리나 영상 등의 다양한 상징물로 표현될 수도 있다. 이러한 표현물들은 모두 동일한 상황을 드러내기 위해 사용될 수 있는 것들이다. 우리는 이러한 정보물들에 이미 친숙하다. 즉, 거기에서 제공되는 정보 내용은 이미 일상적 경험을 통해 익숙해져 있다. 그렇기에 그 정보 내용을 무시하기조차 한다. 이때 우리는 대개 에스컬레이터 상황에 대한 다양한 정보들을 스스로 알아 가지고 있을 것이다. 일상성 속에서 얻게 되는 정보들은 그것들 자체에서 단독적으로 받아들여지는 것이 아니라 그것들과 관련된 보다 포괄적인 '정보 꾸러미' 속에 포함되어 파악된다.

일상적으로 눈에 띄지 않는 방식으로 이용되는 정보들은 '정보들 사이의 연관성 전체'에서 이해되고 해석된다. 다른 도구들과 단절된 하나의 도구가 없듯이, 다른 정보들과 단절된 하나의 정보 또한 없다. 이때 정보는 일종의 '알림 도구'라 할 수 있다. 이때 알려지는 내용은 상황과 같은 것, 즉 특정 도구(에스컬레이터)의 사용사태 또는 지시 전체성이다. 정보는 우리가 그것을 통해 무엇인가를 알 수 있는 것이다. 이를테면 도구의 사용법, 주의할 점, 가격, 지리, 시험 출제 경향 등…….

정보는 자체 속에 담겨진 상황을 알리기 위한 것, 따라서 그 자체로 두드러지게 내보여져야 하는 것이다. 정보를 만날 때 우리가 실제로 만나고자 하는 바는 정보 자체로부터 드러나는 상황 또는 사실이다. 이때의 상황이나 사실은 정보의 구성(짜임새)에 의해 재단된다. '뛰지 마십시오'라는 글귀는 그것만의 독특한 언어적 짜임새를 통해 에스컬레이터와 관련된 전체 상황을 '뜀의 금지'라는 관점에서 재단한다. 저 글귀 자체는 사람들 눈에 잘 띄어야 한다. 글귀의 눈에 뜀은 '조심해야 할 상황'을 알리기 위한 것이다. 알림이 필요한 까닭은 위험 상황 자체가 눈에 잘 안 띄거나 사람들이 그 상황을 곧잘 무시함으로써 안전사고와 같은 것이 일어날 가능성이 있기 때문이다.

'뛰지 마십시오'와 같은 정보는 실재한다. 정보에서 실재적으로 나타나는 것, 그로써 '우리에게 지각될 수 있는 것'은 글자와 같은 시각적 사물이거나 소리와 같은 물리적 현상이거나 기호이다. 그것들은 물질적인 것들이다. 정보에서의 실재적인 것을 통해 알려지는 것은 정보 자체에 의해 재단된 상황이다. 정보에서의 실재적인 것은 물질적 현상으로서의 신호에 해당된다. 보고는 체계화된 신호의 나열로 이루어진다. 이 나열된 신호를 코드라 하는데, 보고는 바로 일련의 코드로 작성되는 셈이다.

정보는 '아포판티쉬(apophantisch)'하다. 즉, '무엇인가를 자기 자신(정보 자체)으로부터 드러내는 것'이다. '뛰지 마십시오'라는 정보는 우리가 늘 무심히 사용하던 에스컬레이터를 그 말 자체로부터 드러내주고, 그로써 우리는 에스컬레이터를 '뛰지 말아야 할 것'으로 인식하게 된다. 정보는 어떤 대상을 그것에 대한 보고 자체로부터 드러내 보이는 것이다. 그러나 드러냄은 일종의 두드러지게 해줌으로서 눈에 안 띔 또는 숨겨져 있음을 전제한다. 정보는 우리에게 알려져 있지 않거나 주목받지 못하던 어떤 사실(상황)을 일반적으로 공유될 수 있는 보고 형식을 빌어 제시해줌으로써 정보 수용자에게 그 상황(사실)을 전달하는 것이다. 물론 형식화된 모든 보고가 언제나 참일 수는 없다. 정보는 보고된 바와 알려진 상황이 일치할 때 참이다. (정보의 진리 문제는 다음 장에서 다루어진다.)

정보는 언어적 형식에 제한될 필요가 없다. 예컨대 먹구름이나 연기와 같은 것들도 나름의 '해석학적 상황' 아래에서 정보가 될 수 있다. 만일 우리가 먹구름으로부터 '날씨가 흐리고, 비가 올 것이다'는 정보를 알아냈다면, 이때 이 정보는 도대체 어디에 놓여 있는 것인가? 날씨 정보를 알려주는 것은 분명 먹구름이다. 그러나 먹구름이 '날씨의 변화 상황'을 해석해주고 있지는 않다. 연기 또한 마찬가지이다. 우리가 비록 피어나는 연기로부터 '불이 났다'는 정보를 알아냈다 해도, 연기 자체가 이러한 정보를 전달해주고 있지는 않다. 연기나 먹구름은 그저 '자기 자신을 내보이고 있을 뿐', 그것들은 정보를 '주거나 받을 가능성'을 전혀 갖고 있지 못하다. 그것들은 단지 '정보'에서의 '보고 자체', 즉 '자신을 내보이는 것'에 그친다. '정보'에서의 '정황'은 상황의 시간적 흐름 속에 처할 수 있는 존재자, 즉 인간에게만 열어 밝혀질 수 있고, 따라서 그에게만 해석될 수 있다. 그렇기 때문에 먹구름은 '비의 전조'로서, 연기는 '불의 결과'로서 해석될 수 있는 것이다.

'정황에 대한 보고'로서의 정보는 실재한다. 우리는 매순간 실재하는 정보들을 아무 문제없이 사용한다. 만일 정보가 실재하지 않는다면, 우리는 정보의 실재를 확보하기 위해 동분서주해야 할 것이다. 정보가 실재한다는 사실이 분명 참이기는 하지만, 그럼에도 문제가 되는 것은 실재하는 정보의 실재성이 어떻게 규정되어야 하는가 하는 점이다. '실재(實在)'는 '현실 존재' '사실 존재' '실제 존재' 등으로 다양하게 해석될 수 있다. 그러나 '실재한다'는 말은 '실제로 있다'는 것을 뜻한다. 즉, 실재는 있음의 한 방식을 일컫는다. '실제(實際)로 있음'은 '있는 그대로 있음', 즉 '참으로 있음', 보다 정확히 말해 '어떤 것이 우리에게 자신을 나타내 보이고 있는 그대로 있음'을 뜻한다.

'실재하는 정보'는 해석학적 정황을 알리는 것이다. 정보의 알림은 참일 수도 있고, 동시에 거짓일 수도 있다. 정보는 그것이 '보고된 대상'을, 그 대상이 직관된 그대로 발견하게 해줄 때 참이고, 그 대상의 있는 그대로의 모습을 가릴 때 거짓이다. 참인 정보는 '대상의 상황'을 있는 그대로 전달하고, 거짓인 정보는 그 상황을 다르게(위장/은폐) 전달한다. 이러한 전달을 위해서는 어느 정도 불변적인 전달체가 요구된다. 그것은 종위 위의 인쇄 글씨, 담벼락의 페인트 글자, 전화선 속의 전류, 컴퓨터 디스크 속의 비트 등 다양하다. 정보는 이러한

'물질적 전달체' 없이는 '아포판티쉬한 성격'을 잃어버리고 만다. 전달체에 손상을 입은 일종의 '깨진 정보'는 (그 깨진 부분이 복구되지 않는 한) 그것 자체 속에 담긴 '정황'을 '자기 자신으로부터' 드러내 보일 수 없게 된다.

이러한 사실로부터 드러나는 것은 정보에는 그것의 '물질적 차원'이 포함되어야 한다는 점이다. 즉, 정보의 실재성에는 물질성이 포함된다. 그러나 특정 물질이 정보 전달체일 수 있으려면, 그것은 우리에게 이해 가능한 형태 내지 형식을 갖춰야만 한다. 이 형태는 사물 자체의 일반적 특성 또는 전형(stereotype), 예컨대 자동차의 특징들과 같은 것일 수도 있고, 전자현미경 등으로 관찰될 수 있는 분자구조와 같은 것일 수도 있으며, 약속이나 협약을 통해 제정된 인위적 규칙(형식)에 따라 사용되는 각종 신호들(signal) 또는 기호들일 수도 있다.

우리가 특정 존재자 안에 숨겨진 유용한 정보를 찾아내고자 할 때 우선적으로 발견하려는 것이 바로 이 전달체이다. 만일 이 정보 전달체(물질)가 발견되었다면, 우리는 그것의 형태나 형식 또는 규칙이 뜻하는 의미를 밝히고자 할 것이다. 예컨대 유전 정보 물질로서의 DNA의 이중나선구조가 발견되자 사람들은 다시금 그 구조의 의미를 해명하고자 하고 있다. 그것은 일종의 '정보해독'이라 불릴 수 있으며, 유전 정보 전달체의 기능 내지 역할 또는 작용 연관에 대한 탐색이라고 할 수 있다.

따라서 정보에는 이러한 물질적 차원 외에 '해석적 차원' 또는 '의미적 차원'이 함께 포함되어야만 한다. 어떤 전달체가 주어졌다 손치더라도 그것의 의미 내지 상황이 전혀 이해되지 않고 있다면, 그것은 '까막눈 정보'인 셈이다. '까막눈 정보'도 자기 자신을 내보이고는 있다. 그러나 그것은 자신의 사명, 즉 '자신에서부터 그리고 자신을 통해 알려야만 하는 상황이나 사실'을 드러내어 알릴 수 없다. 이를 위해서는 '개명의 사건'이 일어나야 한다. 이에 대한 좋은 보기가 헬렌 켈러의 '눈뜬 사건'이다.

켈러는 7세에 손끝으로 만질 수 있는 점자 'w·a·t·e·r'가 자신의 손끝에 차갑게 쏟아지는 바로 그것의 이름이라는 사실을 깨닫고는 너무나 놀란 나머지 물그릇을 떨어뜨리고 얼빠진 사람처럼 한동안 서 있었다고 한다. 캇시러(Ernest Cassirer)는 이 사건을 통해 켈러가 신호와 몸짓의 세계로부터 낱말과 상징의 세계로 도약했다고 본다. 낱말의 재료가 되는 신호들에 "생명을 주고, 그것들(신호들)로 하여금 말하게 하는 것은 그것들의 일반적인 상징적 기능"이다.16) 만일 상징성이 없다면, 신호는 생명을 잃을 것이다.17)

정보는 물질적 차원에서 실재한다. 그러나 물질적 차원에서만 실재하는 정보는 '죽어버린 정보'이다. 게다가 정보에 대한 방금의 분석은, 우리가 일상적으로 만나는 정보들이 대개 그것의 물질적 차원에서는 거의 눈에 띄지 않음을 보여준다. '눈에 띄지 않음'은 '없음'을 뜻하지 않는다. 그것은 '두드러지지 않고 있음' 또는 '문제를 일으키지 않음' 등의 의미이다.

그렇다면 정보에서 우선적으로 '눈에 띄는 바'는 무엇인가? 그것은 바로 '알림의 내용'이다. 정보의 물질적 차원의 눈에 띔은 이러한 알림에 어떤 장애 내지 고장이 발생했을 때 주로 일어난다.[18] 이때 '고장난 정보'는 그것의 사물적 차원에서 고찰의 대상으로 전락하고, 그 정보 자체로부터 단절된 채 알려지기를 거부하고 있는 '상황 그 자체'는 연기처럼 사라져버리고 만다.

　정보의 실재성에는 사물성(물질성)과 상황성(의미)이 포함되어 있다. 만일 '실재'가 '그 자체로 있음' 또는 '인식 주관에 의존해 있지 않음', 즉 '객관적 존재'를 뜻한다면, 그것은 정보와 관련해서는 상황의 단절 또는 해석의 거절에 기초해 파악되어야 한다. 즉, '객관적 정보'는 '실재적 정보'로부터 그것의 해석적 차원을 제거했을 때에만 가능하다. 비록 객관적 정보가 그 자체 안에 어떤 자연법칙성을 갖고 있는 것으로서 전제된다 해도, 그것은 결국 그 안의 자연법칙이 발견되는 것과 동시에 비로소 정보가 될 수 있을 뿐이다. 따라서 객관적 정보란 여전히 '의미 박탈'을 통해서만 이해될 수 있다.

　반면에 '실재'가 언제나 그것을 파악하고 인식하는 주관에게 주어질 때에만 가능하다면, '정보의 실재'는 주관적일 수밖에 없을 것이다. 그러나 만일 이때의 '주관'이 '고립된 주체'를 뜻한다면, '주관적 정보'란 더 이상 정보의 기능, 즉 '보고 자체를 함께 나누고(공유), 그로써 그 내용을 알리는 기능'을 떠맡지 못하게 된다.

정보의 가상성에 대한 현상학적 고찰

정보의 실재성에는 사물적(물질적) 차원과 해석적(의미적) 차원이 속했다. 실재하는 정보는 (그것이 정보로서 기능할 수 있기 위해서) 무엇보다 먼저 '그것 자체로' 이해되어 있어야 하며, 정보 해독자는 구체적으로 주어지는 정보들의 해독방법을 숙지하고 있어야 한다. 그 방법은 배울 수 있는 것이다.

정보체계들 간에는 호환성이 있을 수 있다. 우리는 해독기나 변환기를 통해 다른 체계로 짜여진 정보를 익숙한 정보체계로 바꿀 수 있다. 심지어 사물 자체에 들어 있는 정보들도 언어적 형식의 체계로 변환될 수 있다. 만일 정보가 이러한 인식 능력에 근거해 있는 것이라면, 즉 사물에 대한 직관 능력과 직관된 것에 대한 개념화 능력에 기초해 있다면, 정보는 상징과 마찬가지로 '인식 주관' 내지 '현존재'가 실존하는 한에서만 가능하다. 물론 현존재의 본질이 언어에 의해 깊이 각인되어 있는 한, 정보와 인간은 서로의 본질 속으로 함께 속한다고 할 수 있다.

정보가 인식과 밀접한 관련을 갖는 한, 정보가 표현되는 방식 또한 인식의 구조를 반영하지 않을 수 없다. 실재하는 정보는 우선 우리의 직관에 주어질 수 있어야 하고, 그 정보를 통해 알려지는 존재자의 진리는 우리에게 이해될 수 있어야 한다. 그렇기 때문에 우리는 정보를 통해 무엇인가를 배울 수도 있고 가르칠 수도 있으며, 더 나아가 획득한 지식을 정보 속에 저장할 수도 있는 것이다. 지식의 저장체로서의 정보는 '직관되는' 상황을 나름의 형식 속으로 정립해놓은 것이다.

정보혁명은 우선적으로 이러한 '정립의 형식' 또는 '수정 가능성'에서 발생한 것이다. 그런데 활자(아날로그)의 형식과 디지털 형식의 근본적 차이는 어디에 있는가? 마이클 하임(Michael Heim)은 디지털 정보가 컴퓨터로 처리된다는 점에서 접근의 신속성, 저장 공간의 축소, 고속 검색, 순간적 전송, 인쇄의 편리성, 개요화의 자동성 등을 꼽고 있다.19) 디지털 정보는 그 자체로는 결코 직관될 수 없다. 디지털 정보는 오직 컴퓨터(셈하미)와 같은 정보처리기계를 통해서만 접근될 수 있다.

오늘날 정보화는 곧 디지털화를 말한다. 디지털 정보는, 그것이 비록 공간적으로는 코앞에 놓여 있을지라도 컴퓨터의 매개를 통해서만 우리에게 직관될 수 있고, 그때에만 그것의 내용이 우리에게 알려질 수 있다. 이 말은 디지털 형식의 정보는 인간과 컴퓨터 간의 상호작용을 통해서만 그 실재성을 얻는다는 뜻이다. 컴퓨터 디스크 속에 들어 있는 디지털 형식의 정보는 그것이 컴퓨터 스크린이나 스피커를 통해 우리에게 '직관되었을' 때에만 그 실재성을 갖게 된다.

이러한 사실은 책의 겉표지에 가려서 보이지 않는 글자들의 사정과는 전혀 다른 것이다. 그것은 일종의 '독립성'의 문제이다. 디지털 정보는 '기술 의존적' 또는 '에너지 의존적'이다. 에너지가 없거나 정보처리기가 고장나면, 디지털 정보는,

비록 그것 자체에는 아무런 물리적 손상이 없을지라도, 결코 '자기 자신을 내보일 수조차' 없다. 즉, '먹통 상태의 디지털 정보'는 그 자신의 실재 여부조차 내보일 수 없는 것이다. 디지털 정보는 정보처리기계 및 정보기술 그리고 에너지 기술 등의 다양한 현대 기술에 의존해 있다.[20] 반면 책 속의 글자들은 어느 정도는 독립적이다. 그것은 일종의 작품(Werk)으로서 '그 자체로 서 있는 것(das Insichstehende)'이다.

오늘날 디지털 정보는 물론 나름대로 안전하다. 그러나 그것의 안전성은 기술의 발전에 대한 믿음에 근거한 것이다. 왜냐하면 디지털 정보의 실재방식은 결코 우리에게 직관될 수 없기 때문이다. 디지털 정보는 모니터를 통해 자신을 알려오기는 하지만, 실재하는 그대로의 '자기 자신'을 내보일 수는 없다. 그럼에도 디지털 정보는 실재한다. 그러나 이때의 실재성은 종이 위에 씌어진 글자의 그것과는 전혀 다르다. 디지털 정보는 비트(bit)로 이루어져 있지만, 이 정보의 단위는 그 자체로는 결코 감각될 수 없다. 그것은 정보출력기를 통해서만 자신의 실재를 알릴 수 있을 뿐이고, 그것도 전원이 들어와 있는 상태에서만 가능하다. 이처럼 디지털 정보의 실재성은 가상적 실재성이라 할 수 있다.

디지털 정보는 '전자적 재현'을 통해서 그것의 실재를 알린다. 여기서의 재현은 디지털 형식으로부터 아날로그 형식으로의 변환을 의미한다. 이렇게 변환되어 모니터 스크린을 통해 직관되고 있는 정보들은 나름의 사물적 차원에서 재현되어 있는 셈이다. 그러나 컴퓨터를 끄면, 그 정보들은 더 이상 직관될 수 없다. 디지털 정보는 정보처리기를 통해 다양한 사물적 차원을 내보일 수 있지만, 변환되기 이전의 디지털 정보 자체는 자신의 사물성을 전혀 내보일 수 없다. 따라서 디지털 정보의 가상성은, 그 정보 속에 담겨진 사물성과 내용이 'D/A(디지털/아날로그) 변환'을 통해서만 내보여지고 드러날 수 있다는 데 있다.

이로써 '가상(假象)'의 첫 번째 뜻이 드러났다. 그것은 어떤 것의 나타남 또는 그것의 있음(실재)에 대한 증명이 '자기 이외의 다른 것에 의존해 있는 것'을 말한다. 만일 실재가 '그 자체로 있음'이라는 의미에서 '눈앞에 있음'으로서 해석될 수 있다면, '눈앞에 나타나 있기 위해 다른 것에 의존해 있음'은 '자신을 내보이는 것'에 비해 보다 많은 '거짓의 위험 앞에' 놓여 있다고 할 수 있다.

그런데 '의존성' 내지 '비자립성'은 디지털 정보에서 잘 드러났던 것처럼 일종의 '기술적(인공적) 매개성'을 뜻한다. '가상 정보'는 그것을 매개해주는 '정보처리기'를 통해 그때마다 '복사(copy)의 방식'으로 재현(재생)되어야 하고, 그로써 수정(편집) 및 삭제 그리고 전송 등이 '사물적 정보'에서보다 손쉬워졌다. 그렇기 때문에 '가상 정보'의 동일성은 그 자체로 확보되지 못하고 전적으로 그 처리기와 사용자에게 의존해 있다. 여기서의 '정보의 가상성'은 '의존성'으로서 이해된다.

다음으로 '가상'의 두 번째 뜻은 서양의 형이상학적 전통 속에서 부정의 방식으로 언급되어왔던 것, 즉 '실제로는 그렇지 않은데, 마치 그런 것처럼 자신을 나타내 보이는 것'을 말한다. 이를테면 우리의 눈에 나타나 보이는 해의 모습은 과학적으로 계산된 실제 모습과 비교했을 때 너무나 다르다. '눈에 비친 해 모습'은 '그 자체에서의 해 모습'에 비하자면 '거짓 모습'이다. '비친 모습'은 그것이 마치 '자체 모습' 또는 '실제 모습'인 것처럼 자신을 내보인다. 그로써 우리는 그 내보여진 모습에 속고 만다. 이러한 속임의 가능성은 '가상', 즉 '겉보기 모습'에 속해 있다. 그러나 이 겉모습은 '자신을 내보이는 것 자체'의 모습임에 틀림없다. 여기서의 가상은 '허상'이나 '환상'을 뜻하지 않고, '거짓 상' 또는 '잘못 파악된 상'을 말한다. 그것은 '자신을 내보이는 것'의 있음의 한 양식이다.

　모든 정보는 어떻게든 사물적 차원을 가져야만 한다. 그것은 직관된다. 그렇다면 모든 정보는 감각적 착각의 위험에 놓여 있는 셈이다. 잘못 읽거나, 잘못 듣거나, 잘못 보거나 하는 등의 감각적 오류는 언제든 일어날 수 있다. 우리의 인식은 이러한 오류와의 투쟁을 통해 비로소 획득되는 것이다. 인식의 참, 즉 진리는 이런 의미에서 '숨김의 경향'을 깨뜨림으로써만 얻어질 수 있다. 진리는 이런 의미에서 '숨겨져 있음'에 대한 부정, 즉 '숨겨져 있지 않음'으로서 말해진다. 여기서의 '가상성'은 일종의 '감각적 오류 가능성' 또는 (그러한 착각을 불러일으키는) '은폐성'으로서 규정될 수 있다. 이러한 의미의 가상은 '자신을 내보이는 것' 즉 '현상'이기는 하지만, 그러나 그것은

‘자신의 있는 그대로의 모습을 가리는(은폐하는) 방식’으로 자신을 내보이는 것이다.

그런데 ‘재현적 정보’의 경우, 즉 주어진 정보가 사진이나 그림, 영화나 컴퓨터 그래픽 등과 같이 특정의 이미지를 재현하는 경우, 그러한 ‘이미지 정보’는 분명 ‘자기 자신’을 내보이고 있기는 하다. 그렇지만 그것은 자신을 ‘마치 그 자신에 의해 재현되는 바로 그것인 양’ 내보인다. 재현 정보는 착각을 불러일으키기 쉽다. 재현 정보의 가상성은 ‘은폐성’을 넘어 ‘위장성’을 띤다고 할 수 있다.

가상의 세 번째 뜻은 오늘날 ‘가상현실(virtual reality)’이라는 낱말을 통해 널리 알려지고 있다. 여기서 ‘가상’은 다시 두 가지로 구분될 수 있다. 하나는 ‘실재하지 않는 것’의 구상화 내지 형상화이고, 다른 하나는 ‘실재하는 것’의 상상화 내지 극사실화(Hyperrealism)이다. 전자의 경우는 환상적 게임들에서 볼 수 있는 것처럼 전혀 실재하지 않는 가공 인물들이 마치 실제의 공간에서 실제의 사건을 전개해나가는 듯한 착각을 불러일으켜 몰두하게 하고, 후자의 경우는 비행 시뮬레이션의 보기에서처럼 실제의 현실을 그대로 모의 또는 재현해놓은 듯한 착각을 통해 비행 훈련을 하게 해준다. 두 가지 모두에서 ‘가상’은 ‘현실적으로는 실재하지 않는 어떤 것’을 그것이 마치 실재하는 것처럼 지각되게끔 해준다는 뜻을 갖는다.

이런 의미의 ‘가상 정보’는 (우리가 그 정보를 접할 때) 그 정보 자체를 통해 마치 ‘실제 사물’에 대한 경험을 얻는 듯한 착각을 낳게 한다. '가상 정보'는 이러한 현실감을 낳도록 '꾸며져 있는 정보'를 말한다. 이러한 '꾸며져 있음'이 곧 마지막 의미에서의 정보의 가상성이다. 이때 꾸며지는 것은 일종의 '사물성에 대한 재현방식'이다. 정교한 3차원적 재현은 입체감을 높여줌으로써 우리의 감각으로 하여금 실제 지각과 혼동을 일으키게 한다. 즉, 현실감을 낳는다.

그런데 이렇게 가상화된 정보들은 마치 예술작품처럼 '그 자체로 머무는 것(das Insichruhende)'이 된다. 그것들은 이제 더 이상 다른 무엇을 대신해 알리는 정보라기보다는 그것들 자체가 '가상 사물'의 지위를 얻게 된다. 즉, 그것들은 '자기 자신'을 내보일 뿐 다른 무엇인가를 드러내어 알리려 하지 않는다. 물론 그것들은 여전히 '가상적'이다. 즉, 기술에 의존해 있고, 실재하는 것이 아니며, 우리의 감각을 속이는 것들이다. 그럼에도 그것들은 더 이상 정보 개념에 의해 규정되기 힘들다. '가상 인물' '사이버 가수' '아바타' 등은 그것이 나름의 정체성을 유지해가는 한 '가상 사물'로 구분되어야 할 것이다.

옛날 사람들은 그들 자신의 세계 속에 TV에 대한 이해가 전혀 없었기 때문에 그 속에 작은 사람이 들어 있다고 생각했다. 그들에게는 가상이 가상으로서 만나지지 못하고 실상 또는 현상으로서 경험된 셈이다. 우리가 다양한 정보매체를 통해 정보를 받아들일 때 우리는 이미 그 매체의 전달방식에 대한 앞선 이해를 갖고 있고, 따라서 그 매체를 통해 지각되는, 즉 발견되는 모든 존재자를 그것의 '가상성'에서 이해한다. 만일 이러한 이해가 없다면, 우리는 '매체 속에서 재현되는 것'을 '실재적인 것'으로 간주하게 되거나, 아니면 '실재 대상'을 마주하고 있는데도 그것을 '가상적인 것'으로 간주해버릴 수 있다.

오늘날 컴퓨터에 의해 매개된 정보들, 즉 스크린(비춤막) 위에 떠오른 정보들은 문서 및 그래픽 기술 등을 통해 손쉽게 변형될 수 있고, 그렇게 변형된 각종 정보들– 문자, 음성, 이미지, 동영상 정보들– 은 다시금 그 자체로 '가상적 사물성'을 띠기 때문에 우리에게 직관될 수 있다. 따라서 그것들은 우리에게 변형된 현실감을 유발한다. 게다가 3차원 그래픽 기술을 이용한 시뮬레이션 또는 가상현실 게임에서와 같이 컴퓨터 프로그램과 사용자 사이에 인과적 상호작용이 일어난다면, 보다 충실한 현실감이 창조될 수 있다. 이러한 컴퓨터 재현 기술은 휴먼 인터페이스의 발전을 통해 공감각화되고 있다. 이제 감각의 차원에서는 점점 더 실재와 가상의 구분이 어려워지고 있다.

그렇다면 이러한 혼란 속에서 정보의 진리는 어떻게 결정될 수 있는가? 오늘날 우리가 가진 정보들은 대개 자기 스스로 획득한 것들이 아니라 남들에게서 주어진 것들, 보다 정확히 말하자면 수많은 정보매체들을 통해 간접적으로 얻은 것들이다. 그렇기에 정보 수용자로서의 우리들은 이러한 정보들의 진리에 대해 아무런 책임도 질 필요가 없는 듯하다. 그러나 우리가 수용한 간접 정보 또는 매체 정보가 참이 아니었을 때,

그로 말미암아 발생하는 모든 결과는 결국 자기 자신이 떠맡을 수밖에 없다.

보기를 들어보자. 한 대학생이 학교 홈페이지의 수강신청 관련 게시판에서 '어떤 과목이 무척 유익하고, 학점도 잘 받을 수 있다'는 정보를 믿고 그 과목을 신청했는데, 그 과목의 수업을 직접 들어보니 저 정보가 그 자신에게는 전혀 맞지 않았다 치자. 그는 결국 수강신청을 변경해야 할 것이다. 이게 바로 정보의 진리에 대해 책임을 지는 하나의 방식인 것이다. 이제부터 정보의 진리 문제를 매체 정보에 국한해서 다루어보고자 한다.

매체 정보와 도약

매체 정보의 피상성

매체 정보는 그것이 매개된 것이라는 바로 그 사실 때문에 그것의 참/거짓을 판별하기 어렵다. 우리의 일상적 삶 속에 널려 있는 매체 정보들은 알게 모르게 우리의 생각과 행동을 결정짓는 주요 변수로 작용한다. 연예인들이 젊은이들의 우상이 되는 까닭 가운데 하나가 여기에 있다. 현대인들은 삶의 모든 분야에 대한 정보를 갖가지 매체들을 통해 획득한다. 획득된 정보들은 수용자의 믿음체계 속으로 받아들여져 지식이 되고, 지식화된 정보들은 수용자의 세계관이나 가치관을 지배하게 된다.

오늘날 우리는 정보 없이 살 수 없다. 정보는 정보화 시대를 살아가는 현대인들에게 삶의 주요 수단이 되었다. 사람들은 삶의 질을 높이기 위해 정보의 양과 질을 높이고자 하며, 이를 위해 정보 수집 능력을 기르고자 하고, 정보 능력을 키우기 위해 다양한 매체들을 잘 다룰 줄 아는 법을 배우려 한다. 정보매체를 갖고 있거나, 그것을 잘 다룰 줄 앎으로써 우리는 온갖 정보들을 사용할 수 있다. 보다 많은 그리고 보다 좋은 정보의 사용은 우리에게 보다 수준 높은 삶의 가능성을 열어 줄 것이다.

우리는 사용 가능한 정보들로부터 삶의 지침과 방향을 배운다. 오늘날 우리의 삶은 점점 더 정보의 지배 아래 놓이게 되었다. 급변하는 현대사회에서 정보의 흐름에 뒤처진다는 것은 곧 삶의 방향성(푯대)을 잃는다는 것과도 같다. 현대인들은 현 시대가 자신들이 태어난 시대와 너무나 동떨어졌다는 느낌에 문득 놀라곤 한다. 그러나 그것도 잠시, 사람들은 재빨리 새로운 정보를 얻기 위해 매체들 쪽으로 촉각을 곤두세운다. 그렇게 해서 포획된 정보들은 사람들 자신에 의해 요리되어 다시금 사람들에게로 전달된다. 정보가 사람들을 통해 유통된다는 의미에서 현대인들 자신이 이미 하나의 매체인 셈이다.

사람들은 매체를 통해 정보를 얻고, 얻은 정보를 통해 삶의 문제들을 해결해나간다. 이때 중요한 바는 정보 자체의 수준이나 정확성 또는 신뢰성 등이다. 사람들은 신문 등에 실린 정보들을 대개 사실로 믿는다. 이때 정보에 대한 믿음은 그것이 실린 매체 자체에 대한 신뢰도에 근거한 것이고, 매체에 대한 믿음은 정보란 참인 것이다라는 대중적 인식과 참인 정보를 전달하는 매체 역시 참된 것이라는 일반적 상식에 근거한 것이다. 이러한 믿음들이 싹트는 까닭은 사람들이 정보의 뿌리(근원)로서의 사실(事實) 자체에 대한 확인 절차를 불필요한 것으로 치부해버리기 때문이다. 이로써 사람들은 결국 매체의 진실성을 수용해버리는 셈이다.

대중매체는 우리 자신으로부터 정보의 뿌리(사실)를 잘라내버림으로써 그 위력을 발휘한다. 사실의 뿌리 없이 대중매체를 통해 사람들 사이에 널리 퍼뜨려지는 정보는 '매체 정보'라 불릴 수 있다. '매체 정보'는 대중적으로 받아들여지는데, 그 까닭에 그것은 '통속(通俗) 정보'로 간주되기 쉽다. 통속 정보는 그것이 참이어도 좋고, 거짓이어도 그만인 것이다.

매체 정보는 그 뿌리 잘림으로 인해 언제든 통속 정보로 전락할 수 있다. 거짓일 수도 있는 통속 정보에 근거해 삶의 길을 선택한다는 것은 어리석은 짓임에 틀림없다. 누가 그토록 불확실한 정보에 근거해 자신의 삶을 설계하려 하겠는가? 그러나 이러한 물음이 채 던져지기도 전에, 오늘날 사람들의 삶의 방식은 점점 더 대중매체에서 제공되는 정보들에 의해 좌우되고 있을 뿐 아니라, 심지어 우리들의 삶의 잣대로까지 작동하기 시작했다.

사람들은 매체 정보의 진리성을 한편으로는 크게 의심하여 거부면서도, 다른 한편으로는 그러한 정보 자체에 매우 민감하게 반응한다. 매체 정보에 대한 사람들의 이러한 이중적 태도는 그것의 참/거짓에 대한 판별의 문제를 등한히 하게 한다. 사람들은 자신들이 매체 진리의 참/거짓을 결코 판정할 수 없는 위치에 있다는 사실을 잘 알고 있음에도 매체의 대중성과 매체 정보의 뿌리 잘림에 근거해 매체 정보를 곧바로 참인 것으로 간주하곤 한다. 그렇기에 '어떤 연예인이 필로폰을 했대'와 같은 보도(매체 정보)가 하루아침에 전국적으로 유포되어 공공연한 '기정 사실'로 굳어질 수 있는 것이다.

매체 정보를 대하는 사람들의 의식 저변에는 '아니 땐 굴뚝에 연기 나랴'와 '아니면 말고'라는 상반된 논리가 깔려 있다. 매체를 통해 전달된 정보가 아무 근거나 사실 없이 생겨났을 리 없다는 통념(通念) 속에는 매체 정보가 사실의 뿌리를 잃고 있다는 사태에 대한 불인정의 태도가 반영되어 있지만, 사람들이 사실과 다른 것으로 판명되는 매체 정보에 대해 '그 정보가 없었던 것으로 치면 그만이다'라는 무책임한 태도를 취할 때, 그들은 매체 정보의 뿌리 잘림을 나름대로 인정하고 있는 것이다. 매체 정보를 송신하거나 수신하는 사람들 모두가 이러한 양면성을 통해 매체 정보의 사용에 따른 책임감을 이미 덜어놓는다.

진리 판별의 부담이 없는, 아니 진리가 편리에 따라 뒤바뀔 수 있는 매체 정보는 사회적으로 큰 혼란 내지 파장을 불러일으킬 수 있는데, 인터넷은 이러한 혼란을 더욱 가중시킬 수 있다. 매체 정보는 그 본질상 간접적 또는 매개적일 수밖에 없다. 우리는 이러한 간접성과 매개성으로 말미암아 매체 정보의 참/거짓을 스스로 판별할 수 없다. 정보의 맞고 틀림에 대한 판별은 우리가 매체의 간접성과 매개성을 어떻게든 극복했을 때에만 가능해진다. 이러한 극복은 우리 자신이 정보를 통해 보고되고 있는 사태 자체 속으로 도약할 때만 달성될 수 있다.

그러나 매체 정보로부터의 도약은 근본적으로 한계가 있다. 왜냐하면 저 매개성은 결코 극복될 수 없는 것이기 때문이다. 만일 우리가 매체 정보로부터의 도약을 감행한다면, 우리는 그 즉시 저 극복 불가능성을 깨닫게 될 것이다. 도약의 한계는 곧 진리의 한계이다. 매체 정보에서 일어나는 도약의 한계는 뛰어들 사태 자체가 잘려나가 있다는 데 있다. 사태 없이는 진리도 없다. 이때 우리는 도약하자마자 진리의 결핍만을 경험할 수 있을 뿐이다. 그런데 이러한 결핍의 경험은 사람들에게 정보의 결핍된 진리를 찾아 나서게 하기는커녕 오히려 진리 자체에 대한 무관심만 증폭시킨다. 이로써 진리로의 도약 자체가 매우 드문 일이 되고 만다. 사람들은 매체 정보를 도약 없이 무차별적으로 흡수하려 한다.

매체 정보의 확증의 어려움

사태의 뿌리가 잘려나간 매체 정보가 우리에게 열어줄 수 있는 진리의 폭은 주어진 정보 그 자체에로 제한될 수밖에 없다. 매체 정보의 한 보기 '억울한 죄인 로버트 김 사면을'[21]이란 제목을 보라. 이 정보가 보고하는 사태는 '로버트 김이 죄인인 것은 억울하며, 따라서 그를 사면해야 한다'는 것이다. 이 정보는 '억울한 죄인 로버트 김'(정보 대상)에 대한 것이다.

이 정보는 '로버트 김이 억울하게 죄인이 되었다'는 사실과 '그러므로 그는 사면되어야 한다'는 주장을 담고 있으며, 만일 우리들 자신이 이 정보의 참/거짓을 판별할 수 있으려면, 우리는 로버트 김에 얽힌 사태 내지 진상을 어떻게든 이미 잘 알고 있어야 한다. 만일 로버트 김이 당한 사태가 '억울한 것'이라면, 저 매체 정보는 사실을 알려주는, 즉 참인 정보로 간주될 수 있지만, 반대로 김의 사태가 전혀 억울한 것이 아니라면, 그것은 사실을 은폐하는, 즉 거짓인 정보로 간주될 것이다. 이때의 '참임'은 주어진 정보가 보고된 사태 그 자체를 그것이 벌어져 있는 것처럼 그렇게 의미하고 있음을 뜻한다.

매체 정보의 참임은 정보 자체와 그것을 통해 보고된 것 자체가 동일성의 관계에 있을 때 확증된다. 하나의 매체 정보는 그 자신의 사태와 동일성의 관계를 가질 때 참이다. '사태'는 '사실의 벌어진 상태'를 뜻한다. 사태는 관점에 따라 상이하게 드러날 수 있다. 이 말은 사태란 우리들 자신에게 드러나 보인, 즉 직관된 사실임을 의미한다. 만일 하나의 매체 정보가 우리에게 직관된 그대로의 사태를 표현하고 있다면, 그것은 곧 사실을 알리고 있다는 것을 뜻하며, 그로써 그것은 참이 되는 것이다.

그러나 만일 우리 자신이 로버트 김 자체를 전혀 모르고 있다면, 우리는 결코 주어진 매체 정보의 사태를 직관할 수 없고, 따라서 그것의 참/거짓을 판정할 수 없다. 더 나아가 알리미[22]의 주장 내지 요구를 표현하고 있는 '사면을'이라는 글귀의 참/거짓은, 우리 자신이 알리미 자신의 진실성을 결코 알 수 없는 한, 전혀 결정될 수 없다.[23] 매체 정보에서 그것의 사태나 사실은 정보의 매개를 위해 잘려나갈 수밖에 없다. 따라서 뿌리 잘린 정보와 그것의 사태와의 동일성 관계는 매체 정보 자체에 의해 증명될 수도 없고, 그렇다고 매체를 통해 정보를 전달받고 있는 알으미[24] 자신에 의해 확증될 수도 없다. 알으미는 그저 진리 관계로서의 동일성 관계를 전제할 뿐이다.

사람들은 매체 정보를 그것이 참일 것이라고 전제하면서 받아들인다. 매체 정보는 사람들에게는 그것의 거짓이 증명되기 전까지는 아직 참이다. 사람들은 그들이 이미 매체 정보의 진리를 전제하고 있기 때문에 정보들로부터 무엇인가를 배우려 할 수 있다. 배우려 한다는 것은 정보 그 자체가 드러내어 보게 해주는 바를 직관하려 한다는 것을 뜻한다. 사람들은 드러내어 보게 해주는 것으로서의 정보를 통해 그것의 대상과 사태를 배워나간다. 매체 정보가 지식이나 앎의 반열(班列)에 오르게 된다는 것은 그 정보의 진리가 사람들 각자에게 인정되었다는 것, 말하자면, 주어진 정보가 참인 정보로 증명되었다는 것을 뜻한다.

참인 정보는 우리에게 그 정보에 의해 보고된 것 자체를 알 수 있도록 해주지만, 거짓인 정보는 보고된 사태를 잘못 알게 하거나 그것을 아예 알지 못하도록 한다. 만일 우리가 정보를 통해 앎을 갖고자 한다면, 무엇보다도 주어진 정보가 참이냐 거짓이냐 하는 진리 문제가 판가름나 있어야 할 것이다.

그런데 매체 정보에서는 진리 문제가 빠진다. 여기서 진리 여부는 거의 문제시되지 않는다. 아니 주어진 정보들의 진리는 대중적으로 이미 긍정되어 있다. 이러한 '앞선 긍정'은 매체 정보의 '뿌리 잘림'과 '직관 불가능성'에 근거한 것이다. 사람들은 결코 직관할 수는 없지만 대중적으로 받아들여지는 어떤 것에 대해 자신들의 식견을 들먹이면서 매우 과감하게 진리를 선포해버린다. 사람들의 진리 선포는 (거기에는 직관 가능성이 주어져 있지 않기 때문에) 결코 반증될 수 없고, 그렇기에 거짓의 위험에 처할 수도 없다.

이러한 성급한 진리 긍정은 '사태 그 자체에로의 도약을 불필요한 것으로 만들어버릴 뿐 아니라, 사람들로 하여금 사태 그 자체를 주어진 정보 자체에서부터 재구성하도록 부추기기에 이르렀다. 이에 부응하여 사람들 자신은 도약의 번거로움을 벗어버린 채 자유로운 재구성의 세계에 안주하려 하고 있다.

매체 정보에서의 진리 재구성

매체 정보에서는 사태와의 직접 대면이라는 부담이 준다.

그로써 진리에 대한 책임도 가벼워진다. 아니 어떤 의미에서는 짊어져야 할 진리 책임이 없다. 이러한 책임 면제가 매체 정보의 특징 가운데 하나이다. 사람들은 매체 정보의 무책임성·내지 자유로움에 기대어 매체 정보 자체를 보다 자유롭게 대할 수 있게 된다. 이러한 가벼운 마주함(대함)에서 '서술(敍述)의 흐름'이 뒤바뀌는 사건이 일어나게 된다. 앞서의 보기, '억울한 죄인 로버트 김 사면을'이라는 매체 정보는 '로버트 김'이라는 대상이 '사면하라'는 술어에 의해 서술되는 방식으로 짜여 있다. 그러나 이 매체 정보를 대하는 사람들은 '사면하라'는 요구를 통해 '로버트 김'을 알게 된다.

말은 보통 '서술의 흐름'에 따라 말해지고, 우리도 대개 그 흐름에 맞춰 듣는다. 그렇기 때문에 우리는 주어가 빠져 있거나 도치되어 있는 문장도 아무 문제없이 이해할 수 있는 것이다. 서술의 흐름은 보통 '주어로부터→술어로' 이어진다. '억울한 죄인 로버트 김'이라는 글귀는, 그것이 '로버트 김은 억울한 죄인이다'와 같은 식으로 풀어질 수 있는 한, '거꾸로 크는 서술'이라 불릴 수 있다.25) 이때도 서술의 흐름은 본질적으로는 뒤바뀌지 않는다.

그러나 우리가 정작 '로버트 김 자체'를 전혀 모르고 있다면, 저 보기말에 대한 우리들의 이해는 반쪽 난 이해에 그칠 것이다. 즉, 우리가 비록 '가능적 사면 대상들'을 나름대로 잘 알고 있을지라도, 우리는 정작 로버트 김이 그러한 대상에 속하는지 자체를 알 수 없다. 그렇기 때문에 우리는 그 정보에서의 서술의 흐름이 올바른지 아닌지도 전혀 알 수 없다. 우리는 주어진 서술의 흐름을 긍정하거나 부정할 아무 권한(權限)도 갖고 있지 않다. 권한은 오히려 매체 정보가 쥐고 있다. 우리는 정보의 지시에 따라 행동할 수밖에 없다. 매체 정보가 우리에게 지시하는 바는 정보에서의 서술의 흐름을 뒤바꾸어 정보 자체에서부터 그것의 사태 관계를 재구성하라는 것이다.

사태의 재구성은 도약을 위한 준비라고 할 수 있다. 재구성을 통해 우리가 확보하고자 하는 바는 '보고되고 있는 것', 즉 보고의 대상과 그 사태이다. 도약한다는 것은 보고된 대상의 사태를 직접 마주한다는 것을 말한다. '직접 마주함'으로서의 '직관'이 가능하기 위해서는 직관되어야 할 것 자체가 우리에게 어떻게든 앞서 주어져 있어야 한다. 도약한다는 것은 직관된 것이 무엇이고, 또 그것이 어떠한 방식으로 있으며, 그것이 다른 것들과 어떠한 관계를 맺고 있는지 등을 파악한다는 것을 뜻할 뿐 아니라, 더 나아가 직관된 것의 있음이 뜻하는 바가 무엇인지를 밝히는 것이기도 하다.

매체 정보에서는 '직관되어야 할 것 자체'가 재구성의 방식을 통해 이제 비로소 주어진다. 그러나 사태가 비록 언제나 '어떤 것의 사태'일지라도, 사태의 재구성만으로 그것의 대상 자체가 직관될 수 있는 것은 아니다. 비록 우리가 로버트 김의 사태를 아무리 치밀하게 재구성해놓았다 할지라도, 그것은 아직 그와의 직접적 마주함이 아니다. 이렇게 재구성된 사태의 옳고 그름이나 참과 거짓에 대한 판단은 로버트 김 자체가 직관철 때까지 유보될 수밖에 없다. 진리의 유보(留保), 이것은 매체 정보에서 일어날 수 있는 근본 사건이다. '매체-정보'의 특징은, 우리가 주어진 정보 자체를 통해 그 '정보-거리'에 대한 '앞선-이해'를 이제 비로소 형성해가야 하는, 그리고 그렇게 형성된 '앞선-앎'에서부터 그 정보의 참/거짓을 판가름해야 하는 '서술 흐름의 뒤바꿈'에 놓인다.

매체 정보의 '앞선-앎'

매체 정보는 우리에게 그 자신의 대상과 사태를 알려준다. 우리는 정보가 알려주는 바대로 그것의 사태와 대상을 가정한다. 우리는 정보를 통해 가정된 대상에 대한 나름의 앎, 즉 '정보적 앎'을 갖는다. 정보적 앎이 가능하기 위해서는 정보 대상에 대한 가정이 가능해야 한다. 대상에 대한 가정은 우리가 어떻게든 그 대상을 앞서 알고 있을 때만 가능하다. 바꿔 말해 정보의 대상은 어떻게든 우리에게 앞서 알려져 있어야 한다. 가정된 대상에 대한 '앞선 앎'이 우리에게 없을 때, 우리의 정보적 앎은 매우 불확실할 수밖에 없다.

예컨대 '이 rectangle은 붉다'라는 정보가 주어졌다 치자. 그런데 이 정보를 받은 사람이 'rectangle'이라는 낱말뜻과 그 대상을 전혀 모른다면, 즉 그것에 대한 앞선 앎이 전혀 없다면, 가정된 대상 'rectangle'에 대한 그의 정보적 앎은 추정적(推定的)일 수밖에 없다. 이때 그는 고작 이 정보가 어떤 것의 붉음에 대한 보고라는 정도의 앎만을 갖는다. 그러나 만일 누군가 '이 rectangle은 붉다'라는 문장의 의미를 이해할 수 있다면, 즉 그가 영어 낱말 'rectangle'과 '붉다' 그리고 문법 등에 대한 앞선 앎을 갖고 있다면, 그 정보는 그에게 '이 직사각형이 붉다'는 사실을 알려줄 것이다. 물론 그렇다고 하더라도, 그 자신이 '이 rectangle'이 어떠한 것인지를 직관하지 못하는 한, 그는 주어진 정보의 진리 문제를 확정지을 수 없다.

그럼에도 우리는, 우리가 비록 방금 주어진 정보의 대상에 대한 앞선 앎을 갖지 못한 채 다만 그 정보 형식에 대한 앎만을 갖고 있을지라도, 그 정보의 진위에 대한 선택적 가정(假定)을 통해 무엇인가를 알아낼 수 있다. 만일 조금 전의 정보가 참이라면, '이 rectangle'은 붉은 것이 될 것이고, 만일 그 정보가 거짓이라면, '이 rectangle'은 붉지 않은 것이 될 것이다. 이때 정보는 그것의 진위에 대한 우리 자신의 믿음에 따라 상이하게 해석되는 셈이다. 그러나 '매체-정보'의 사실성 내지 진리는 단순한 믿음만으로는 결코 판단될 수 없다. 정보의 진리는 그것의 대상이 우리 자신에 의해 직관될 때에만 확증될 수 있다. '정보의 지향성'이 끊긴 곳에서 우리는 어떠한 정보에 대해서도 그것의 참/거짓을 밝힐 수 없다.

매체 정보의 참/거짓이 우리들 자신의 믿음에 근거하여 결정되고, 정보의 의미가 그러한 결정에 따라 나름대로 이해되거나 해석될 때, 이러한 정보에 바탕한 우리들의 판단은 기껏해야 그럴듯한 추측이거나 추정의 수준에 그치고 말 것이다.

이러한 추측과 추정이 사람들 사이에서 '앎'의 지위를 얻을 수 있는데, 그 까닭은 주어진 매체 정보의 참임에 대한 사람들의 믿음이 나름대로의 정당성을 갖기 때문이다.

그러나 이러한 믿음의 정당성은 매체의 대중성과 전제된 동일성(진리) 관계에 바탕한 것이다. '매체 정보'는 그 본질상 많은 사람들이 '함께 가질' 수 있도록 제작된 것이다. 동일한 신문이 수십만 명의 독자들에게 읽혔다면, 그들은 동일한 '매체 정보'를 '함께 가진' 셈이다. 즉, 그들에게 주어진 정보는 동일한 것이다. '매체 정보'의 참임에 대한 믿음은 이러한 '함께-가짐'의 대중적 동일성과 동시에 매체 자체에 대한 일반적 신뢰에 의해 정당화된다.

참인 것으로 받아들여지는 '매체-정보'는, 우리가 비록 그것의 대상에 대한 앞선 앎을 전혀 갖고 있지 않을지라도, 금세 그것의 지향적 구조에 맞춰 자신의 가상적 대상(假象的 對象)을 갖추게 된다. 매체 정보 자체에 의해 재구성된 정보 대상은 (그 대상의 직관 불가능성 내지 허위성이 증명되기 전까지) 사람들에게 '알-거리(앎의 대상)'의 지위를 갖는다.

그런데 정보 대상이 정보 자체로부터 재구성될 수 있으려면, 정보 자체와 그것의 대상에 대한 '앞선-앎'이 어떻게든 앞서 주어져 있어야 한다. 만일 우리가 정보 대상의 무엇임과 무엇일 수 있음 그리고 그 대상의 어떻게 있음과 어떻게 있을 수 있음 등을 앞서 알고 있지 못하다면, 예컨대 우리가 '이 rectangle'의 있음에 대한 앞선 앎을 하나도 갖고 있지 못하다면, '이 rectangle은 붉다'는, 그것이 알려주고자 하는 정보 대상으로서의 '이 rectangle'에 대해서 거의 아무것도 드러낼 수 없다.

반면에 만일 누군가 '이 rectangle(직사각형)은 붉다'에 대한 앞선 앎을 가진 자라면, 즉 직사각형의 있음에 대한 앎을 가진 자라면, 그에게는 그 정보가 '(어떤 화가의 그림 속에 그려져 있는) rectangle'에 대해 보고하는 것으로서 드러날 것이다. '이 rectangle은 붉다'는 '붉은 직사각형'의 있음에 대한 '앞선 앎'에 따라 그 자신의 내용을 드러낸다. 정보 대상의 있음에 대한 '앞선 앎'은 정보가 그 내용을 드러내 보일 수 있는 가능성의 영역을 미리 지정해준다.

그런데 매체 정보의 '앞선-앎'도 (그것이 앎의 한 가지인 한) 나름의 정당화된 참인 믿음이어야 한다. '붉은 사각형'에 대한 앞선 앎은, 그 앎을 가진 자가 사각형 자체에 색깔이 칠해질 수 있다고 믿는 한, 참인 것으로 받아들여질 수 있다. 즉, '붉음과 사각형의 결합'은 얼마든지 가능(정당)할 뿐 아니라, 그러한 결합 대상 자체가 우리 주변에서 발견(직관)될 수조차 있다. 우리가 주어진 대상의 결합 가능성을 보다 많이 알고 있을수록 그것에 대한 '앞선 앎'은 더욱 풍요로워진다. 매체 정보는 이러한 '앞선 앎'에서부터 이해되는 것이다. 사각형은 비뚤 수도 있고, 크거나 작을 수도 있으며, 다양한 소재에 그려져 있을 수도 있다. 우리는 사각형에 대한 이러한 앞선 이해에 바탕하여 '이 직사각형은 붉다'는 정보를 해석한다.

매체 정보의 앞선 앎은 그 정보가 우리에게 무엇인가를 알려줄 수 있는 가능 조건이다. 여기에는 정보 대상에 대한 앎, 정보 형식 또는 형태에 대한 앎, 사태 관계에 대한 앎 등이 속한다. 정보 대상에 대한 앎은 있는 것 전체에 대한 앎을 뜻하고, 정보 형식이나 형태에 대한 앎은 보고의 형식에 대한 앎, 예컨대 언어나 기호 등에 대한 앎을 말하며, 사태 관계에 대한 앎은 대상의 있을 수 있음의 가능성에 대한 앎, 예컨대 성질이나 관계 등에 대한 앎을 일컫는다. 포괄적으로 말해 앞선 앎은 있는 것의 있음에 대한 앎이다. 매체 정보는 (그것이 무엇인가를 알릴 수 있기 위해서) 그것이 알리고자 하는 것의 있음에 대한 나름의 앞선 앎을 필요로 한다.

우리는 우리가 직접 또는 간접으로 알고 있는 모든 것에 대해 이미 나름의 '앞선-앎'을 갖고 있다. 이때 '앞서다'라는 말은 우리가 주어진 정보의 대상을 어떻게든 이미 이해하고 있다는 것을 뜻한다. 정보 해석은 이러한 '앞선 이해'에 따라 이루어진다. 매체 정보의 '앞선-앎'은 정보의 대상에 대한 이해와 해석에 의해 동시에 이루어진다. 이때 이해는 정보의 대상을, 그것이 있을 수 있는 온갖 가능성에서 살펴볼 수 있는 능력을 뜻하고, 해석은 정보의 대상을 그렇게 살펴진 가능성들 가운데 하나와 결부시키는 능력을 뜻한다. 이해의 폭이 넓을 때, 주어진 '매체 정보'의 대상은 보다 풍부한 가능성에서 파악될 수 있고, 따라서 보다 풍부하게 해석될 수 있다. 해석은 어떤 것을 '어떤 것으로서' 풀이하는 것을 말한다. '앞선 앎에는 이러한 이해와 해석이 함께 속한다.

매체 정보의 '앞선-앎'은 '있는 것의 있음의 가능성'에 대한 앎으로서 정보 그 자체의 참/거짓을 앞서 조율한다. '앞선 조율'은 어떤 것의 있을 수 있음의 영역을 미리 규정해놓는 것을 말한다. 만일 '이 rectangle은 붉다'에 대한 앞선 앎을 가진 사람이 '붉을 수 있는 이 rectangle'을 '도형(圖形)으로서' 알고 있다면, '이 rectangle'의 있음은 '도형적으로 있음'에 속하는 셈이다.

여기서 '속한다'는 말의 의미는 '벗어날 수 없다'는 것, 또는 '자리매김되어 있다'는 것이다. '이 rectangle'의 있음은 예컨대 음악적일 수 없다. 왜냐하면 'rectangle'은 '도형적 있음'의 테두리를 벗어날 수 없도록 저 '앞선 앎'에 의해 규제되고 있기 때문이다. '앞선 앎'에 의한 '앞선 조율'은 어떤 것의 참임의 가능성의 한계를 설정해주는 것이기도 하다. 따라서 '이 rectangle은 부지런하다'는 정보는 (그것이 'rectangle'의 있음의 한계를 넘어서고 있기 때문에) 참일 수도 없고 거짓일 수도 없지만, 그러나 비유의 세계나 상상력의 세계 속에서는 'rectangle'도 얼마든지 부지런할 수 있기 때문에, 그때마다의 '앞선 이해'에 따라서는 나름의 의미를 가질 수 있다.

그런데 매체 정보들에서는 '서술의 흐름'의 뒤바뀜이 일어난다. '서술의 뒤바뀐 흐름'은 우리가 주어진 매체 정보를 '참인 것'으로서 받아들인 다음에 술어로부터 그 대상(주어) 자체를 알아가는 방향성을 말한다. 우리가 매체 정보를 획득하려는 목적이 바로 정보 대상에 대한 앎을 얻는 데 있는 한, 정보의 해석 과정에서 서술의 흐름의 뒤바뀜은 반드시 일어나게 된다. 우리는 주어진 매체 정보의 앞선 앎에 바탕해 그 정보 대상에 대한 정보적 앎, 즉 뒤바뀐 서술에 의한 앎을 얻고자 한다. 서술의 흐름의 뒤바뀜 속에서 정보의 대상은 정보에 대한 우리의 '앞선 앎'에 의해 재구성되고, 그렇게 재구성된 대상에 대한 우리의 앎은 (그것의 거짓임이 증명되기 전까지는) 우리 자신에게 참인 것으로 간주된다. 그리고 이러한 참인 앎은 다시금 우리 자신의 '앞선 앎'이 된다.

따라서 매체 정보의 앞선 앎 자체가 반드시 '알-거리(앎의 대상) 자체'에 대한 직관을 통해 생겨난 것일 필요는 없다. 아니 오늘날 앞선 앎은 대개 다양한 매체들로부터 전달받은 정보들을 통해 구성된다. 매체 정보에 근거한 이러한 '앞선-앎'에는 앎의 대상이 빠져 있기 쉽다. 알거리(대상)가 빠진 앞선 앎은 (그것이 비록 정당화된 믿음일지라도) 아직 참인 것이 아니다. 물론 앞선 앎은 그 앎을 갖고 있는 사람 자신에게는 그것의 참임의 증명이 더 이상 필요치 않다. 그렇다고 이러한 사실이 그 앞선 앎의 참임을 보장해줄 수는 없다.

'매체-정보'를 통해 형성된 '앞선-앎'도, 그것이 비록 '알거리(대상) 자체'에 대한 직접적 앎을 결여하고 있긴 하지만, 분명 '어떤 것에 대한 앎'이어야 한다. 모든 앞선 앎은 어쨌든 지향적 구조를 갖는다. '앞선-앎'에서 '지향된 것'은 '알거리(대상) 자체'이다. 물론 '알거리 자체'가 빠져 있는 앞선 앎도 얼마든지 가능하다. 즉, 모든 앞선 앎에서 지향성의 관계가 성립하는 것은 아니다. 특히 매체 정보를 통해 형성된 앞선 앎은 그것의 '지향적 대상'이 그 정보 자체를 통해 이제 비로소 알려지는 앎이다. 이때의 '앞선 앎'은 엄밀한 의미에서는 결코 '앞선 앎'이 아니다. '매체-정보'에서의 '앞선-앎'은 술어만으로 형성되는 셈이고, 이러한 과정에서 주어는 술어에 의해 상상되거나 구성된다. 그리고 '앞선 조율'의 기능을 해야 할 '앞선-앎' 자체가 오히려 '매체-정보'에 의해 거꾸로 조율된다.

그렇다면 '매체-정보'에는 본래적 의미의 '지향성'도 결여되어 있고, 본래적 의미의 '앞선-앎'도 빠져 있는 셈이다. 앞서의 '억울한 죄인 로버트 김 사면'과 같은 '매체-정보'는, 만일 우리가 로버트 김에 대한 '앞선-앎'을 전혀 갖고 있지 않다면, '억울하게 죄인이 된 로버트 김이라는 사람'에 대해 '그의 억울함을 풀어주기 위해 그를 사면해야 한다'는 요구를 알리고 있는 것이다.

매체 정보에서 본래적 의미의 '앞선 앎'은 술어에 대한 이해에 다름 아니다. 왜냐하면 술어에 대한 이해 속에는 그 술어에 의해 규정될 수 있는 주어에 대한 이해가 함께 속하는데, 이때 이해된 주어는 가능적 주어 또는 지평적 주어, 말하자면 술어의 지평 가운데 만나질 수 있는 주어를 뜻하기 때문이다. 술어에 대한 이해 속에는 술어가 그것의 술어가 될 수 있는 주어에 대한 이해가 이미 속해 있다. 만일 우리가 주어진 매체 정보의 술어조차 이해하고 있지 못하다면, 우리는 그 술어가 서술될 주어를 전혀 이해하지 못하게 된다. 술어의 이해에 근거한 앎에서 주어는 술어의 변수(變數)로 전락하고 만다.

그리고 '알거리(대상) 자체'에 대한 직접 경험이 빠져 있는 '앞선-앎'은 '참과 거짓'의 경계선에서 이리저리 흔들릴 수밖에 없다. 흔들리는 앎은 닻줄 끊긴 배에 빗대어질 수 있다. 닻줄은 직관을 상징한다. 닻줄이 끊겼다는 것은 앎의 대상이 직관되지 않고 있다는 것을 말한다. 앞선 앎에서 그 대상들은 가정될 수 있을 뿐이다. 이러한 가정은 앎의 지향성의 구조에 근거한다. 지향되어야 할 것(대상)이 가정되어 있을 뿐인, 즉 직관이 빠져 있는 '앞선 앎'에는 진리의 확증도 함께 빠져 있다. 확증 없음은 곧 흔들릴 수밖에 없음을 의미한다.

사람들은 증명되지 않은 채 흔들리는 앞선 앎을 안정시키기 위해 대상(주어)에 대한 추가 정보들을 모으고자 한다. 그로써 대상 자체는 보다 잘 이해될 수 있다. 정보의 보완은 앎의 흔들림을 어느 정도 가라앉혀줄 수 있다.

물론 우리가 아무리 많은 '매체-정보'를 통해 어떤 것에 대한 앎을 축적했을지라도, 정보의 대상이 그것의 있음에서 우리 자신에 의해 아직 직관되지 않고 있는 한, 그 앎의 진리는 결코 증명된 것일 수 없다. 이때의 앎은, 말하자면 우리들 자신에 의해 상상된 것 또는 가상적인 것, 다시 말해 참일 수도 있고 거짓일 수도 있는 것이다. 오늘날 '매체-정보'는 세상의 온갖 사실들을 알려준다. 현대인들은 '매체-정보'를 통해 '알거리(대상) 자체'에 대한 '앞선-앎' 내지 '앞선-이해'의 영역을 넓

혀간다. 이 영역은 우리들 자신에게 알려져 있는 세상 자체이다. 우리가 '매체-정보'를 보다 많이 가질수록 우리는 더 넓은 세상을 만나볼 수 있다.

오늘날 '매체-정보'는 세계를 하나의 세상으로 만들어가고 있다. 하나된 세계는 정보화의 물결에 따라 흘러간다. 매체를 통해 열리는 정보의 세계는 한없이 넓다. 그렇기 때문에 사람들은 정보세계에 대한 정보를 필요로 하고 있다. 정보 없는 세상은 암흑과도 같다. 정보는 세상의 빛이다.

그러나 매체 정보를 통해 밝게 주어진 세상과 그것에 대한 앞선 앎은 매체를 통해 전달되는, 즉 앎의 대상에 대한 직관이 결여된 간접 세상에 불과하다. 그 세상에는 바로 '나 자신'이 빠져 있다. 그렇기 때문에 우리는 자기 자신의 감각을 통해 직접 세계를 느껴보고자 한다. 직접 정보는 그것의 사태가 정보의 대상에 대한 자기 자신의 직관을 통해 증거가 되는 정보, 즉 자기 자신이 그것의 참 내지 거짓을 책임지는 정보를 말한다. 이때 보고자 자신은 정보의 대상과 그 사태 속으로 매개 없이 뛰어들어가 있어야 한다. 그는 매개 없는 뛰어듦(도약)을 통해 자신만의 '앞선 앎'을 참되게 갖는다.

참된 앎도 흔들릴 수 있다. 그것은 앎의 대상과 그 사태의 결여 때문이 아니라 오히려 매개의 결여 때문에 비롯된다. 매개 없이 형성되는 앞선 앎은 무매개적, 즉 개별적 내지 독립적이다. 도약은 매체 정보 자체를 떠나 그것의 사태 속에 머무르는 것, 그로써 도약하는 자 자신을 정보의 대중성으로부터 떨어뜨려 사태를 직접 마주하게 하는 것이다. 사태를 직접 마주한다는 것은 사태를 자기 자신이 몸소 경험해본다는 것을 말한다. 이때 그는 마주한 사태 앞에서 자기 자신으로 개별화된다. 도약에서는 개별화의 사건이 일어난다. 도약 자체가 이미 개별적으로 일어날 수밖에 없는 것이다.

도약은 정보세계로부터의 소외감을 떨쳐버리기 위해 감행된 것이지만 결국 도약하는 자를 그 자신에로 개별화한다. 개별화를 통해 열어 밝혀진 정보 대상과 그것의 사태는 도약하는 사람 각자에게 고유한 것이다. 대상과 사태의 고유화는 곧 세계의 고유화를 낳는다. 고유화는 고유하게 된다는 것을 뜻하는 동시에 고유하게 한다는 것도 일컫는다. 도약을 통한 고유화는 주어진 정보의 내용이 알으미(정보 수용자) 자신의 것으로 된다는 것을 뜻할 뿐 아니라, 그로써 알으미 자신을 고유하게 한다는 것도 뜻한다. 고유하게 한다는 것은 그의 고유성을 두드러지게 해준다는 것을 말한다. 주어진 정보를 자기 것으로 만든 사람은 그 정보가 알려주는 바를 스스로 해석할 수 있다. 이러한 자기 해석은 그 자신만의 것, 즉 그에게 고유한 것이다.

도약 : 이제 상황 속으로 뛰어들어가자

그런데 매체 정보 자체는 도약을 요구하면서 동시에 그 길을 가로막는 것이다. 우리가 비록 정보 자체로부터 그것의 대상을 구성함으로써 그 대상의 사태나 상황 속으로 도약하기는 하지만, 그러나 이때의 사태는 (엄밀히 말하자면) 주어진 정보가 보고하는 있는 바로 그 사태가 아니다. '매체-정보'에서 주어진 것은 '보고된 것 그 자체'이지 정보의 상황이 아니다. 보고되고 있는 상황, 즉 주어와 술어의 결합을 통해 우리에게 드러나는 사태 내용 전체는, 그것이 비록 어떤 의미에서는 '보고된 것 그 자체' 속에 들어 있는 것이라고 할 수 있지만, 그러나 결코 '보고된 것 그 자체'일 수 없다. 보고되고 있는 상황은 보고 자체 속에 들어 있는 것이 아니라, 그 보고를 직접 작성한 사람에게만 드러날 수 있을 뿐이다.

보고를 받고 있는 사람은 그 상황 자체와 마주하고 있는 것이 아니다. 물론 그는 분명 '매체-정보'를 통해 그 상황을 전달받고 있기는 하다. '매체-정보'는 그에게 바로 이러한 '상황에 대한 앎'을 주는 것, 즉 '상황을 알리는 것', 짧게 말해 '상황에 대한 보고'이다. 그럼에도 정보에 함께 속하는 '보고 자체'와 '상황 자체'는 결코 동일한 것이 아니다.

'매체-정보'는 그것을 작성한 사람 자신에게 드러났던 상황 그 자체를 전달해줄 수는 있어도, 그것을 직접 보여줄 수는 없다. 그것은 다만 드러난 상황 자체를 전제한다. '매체-정보'를 전달받는 사람은 전제된 상황의 실재 유무를 판단할 수 없다. 그에게는 그러한 판단의 가능성이 주어져 있지 않다. 그럼에도 그는 '매체-정보'의 참/거짓을 판가름해야 한다. 만일 그것이 믿을 만한 것이라면, 그는 그 정보에 바탕해 자신의 '앞선-

앎을 넓혀갈 수 있고, 만일 그것이 믿을 만하지 못한 것이라면, 그는 그 정보 자체를 거짓인 것으로 간주해버릴 것이다. 그때 그는 그 정보를 '거짓된 것'으로서 알게 된다. 우리는 끊임없이 주어지는 '매체-정보들'을 이러한 판가름의 방식으로 받아들인다.

'매체-정보'를 받아들일 때, 우리는 그것의 알림을 통해 그 상황 자체 속으로 뛰어들어가야만 한다. 보고를 제대로 받기 위해서는 수용자 자신이 상황 속으로 도약해 들어가야만 한다. 보고를 통해 열릴 수 있는 상황은 도약의 방식과 방향에 따라 상이할 수 있다. 보고는 보통 도약의 방식과 방향까지 앞서 결정해놓고 있다. 그러나 상황은 보고가 아니다. 보고만으로는 상황 자체에 도달할 수 없다. 보고되고 있는 것 자체는 글이거나 말이거나 그림이거나 도표 등이다. 그것들은 모두 '보고-받는 사람'의 올바른 해석을 거쳐야만 보고의 방식과 방향에 따른 상황을 열어 보일 수 있게 된다.

상황은 그것에 대한 이해 내지 경험을 갖고 있는 자에게만 열리는 것이다. 굶주림의 경험을 전혀 갖고 있지 못한 사람들은, 그들이 기아에 대한 아무리 짜임새 있는 보고를 받을지라도, 굶주림의 상황을 제대로 이해하기 어렵다. 어떤 상황을 직접 경험해본 사람들은 그 상황에 걸맞은 정보를 제공할 수 있다. 제공된 정보, 즉 누군가에 의해 짜임새 있게 작성된 보고를 통해 알려진 상황은, 그 짜임새를 공유하고 있는, 그리고 보고된 상황에 대한 이해 가능성을 갖춘 다른 사람들에게 함께 나누어질 수 있다. 사람들은 상황에 대한 보고로서의 정보를 통해 자신이 직접 겪어보지 못한 그 상황 자체에 대해 나름의 이해와 경험을 갖게 된다.

정보의 대상과 그것에 대한 보고는 근본적으로 불일치(不一致)할 수밖에 없다. 아무리 짜임새 있는 보고라 할지라도, 보고 자체가 '보고-거리(대상) 자체'인 것은 결코 아니다. 보고는 '보고-거리'를 알리고 있는 것일 뿐이다. 알림은 아직 '앎'이 아니다. 알림은 '알게 해줌'이다. 알림은 앎의 허락 내지 수여이다. 알림은 '알리고자 하는 것'에로의 도약을 요구한다. 만일 누군가 다른 사람들에게 하늘에 달이 떴음을, 또는 하늘에 뜬 달을 알려주기 위해 '달이 참 곱다'라고 말했다면, 그의 알림은 다른 사람들이 그 말을 듣고 직접 하늘의 달을 쳐다보았을 때만 성공할 수 있는 셈이다. 그러나 다른 사람들은 '하늘에 달이 떠 있다'는 사실에 대해서는 인정하면서도, 그 달이 곱다는 것을 부정할 수도 있고, 또는 달의 모습을 다르게 표현할 수도 있을 것이다. 상황 보고로서의 정보는 이렇듯 동일한 '알림-거리'에 대해서도 사람마다 다르게 짜여질 수 있다. 이때의 다름은, 말하자면, 앎의 다름이자 알림의 다름이다.

앎의 달라짐은 '알-거리'에 대한 경험의 폭이나 이해의 깊이가 사람마다 다르기 때문이다. 만일 동일한 관측기로 거의 동일한 지점에서 거의 동일한 시간에 동일한 달의 밝기를 쟀다면, 관측값은 관측자에 상관없이 거의 동일하게 나올 것이다. 이때의 관측값은 분명 달의 밝기(상황)에 대한 보고(관측결과), 즉 정보임에 틀림없다. 그러나 관측상으로는 동일한 값이 나왔을지라도, 그 두 관측자 사이의 최종 결과값이 동일하리라는 결론은 결코 나오지 않는다. 만일 관측 전문가라면, 관측 상황에 대한 보다 세밀한 고려를 할 것이고, 따라서 만일 안개가 끼어 있었다거나, 당시가 여름이냐 겨울이냐에 따라 관측값에 대한 나름의 해석을 시도할 것이다. 앎이나 경험 또는 이해 등의 문제에서 언제나 개인차가 인정될 수밖에 없다면, 아무리 동일한 정보가 주어졌다 손치더라도, 그 정보가 모든 사람에게 동일한 의미를 낳는 것은 결코 아니다.

상황 보고로서의 정보는 우리들에게 보고된 상황 자체 속으로 도약할 것을 요구한다. 이때 도약은 철저히 개인적 또는 개별적일 수밖에 없다. 정보는 이러한 도약을 통해 개별화된다. 개별화된 정보는 정보 자체가 갖고 있었던 '형식적 보편성'을 뛰어넘는다. 이때 정보는 자유롭게 해석되어 다양한 맥락에 적용된다. 풍부한 적용의 가능성을 띤 개별화된 정보, 그것이 곧 '앎'이다.

정보의 알림은 도약적 앎을 통해서만 성공적일 수 있다. 정보는 정황에서부터 짜여진 보고이자, 보고로부터 제시되는 정황을 뜻한다. 보고된 정황 속으로 뛰어드는 도약은 정보를 가능케 한다. '정보(情報)'는 '정황에 대한 보고'로서, 보고자가 직접 뛰어들어 겪은 정황에 대한 보고(報告)이자, 보고받는 사람이 주어진 보고를 통해 직접 뛰어든 상황(狀況)을 뜻한다. 이 두 경우 모두에서 도약의 사건이 필수적으로 일어나야 한다. 만일 도약 없는 정보가 있다면, 거기에는 '정황 내지 상황'은 빠져 있는 것이다. 거기에는 오직 보고만이 있을 뿐이다.

도약이 빠진 정보들은 '주어진 것들(data, 資料)'이라 부를 수 있다. '주어진 것들'은 언제나 나름의 관점에서 주어진다. 이때의 관점은 도약의 방향을 말해주는 것이다. 주어진 것들은, 우리가 도약을 통해 그것들의 상황 속으로 들어가보지 않은 한, 아직 정보가 아니다. 여기서 도약의 깊이는 다양할 수 있다. '주어진 것들'에서 보고와 상황은, 말하자면, 서로 무관계의 상태에 놓여 있다. 아니 상황 자체는 아직 알려져 있지 않다. 상황은, 우리가 '주어진 것들'에서부터 그것들이 지시하는 방식과 방향에 따라 도약을 감행했을 때에야 비로소 열릴 수 있는 것이다. '주어진 것들'은 도약을 통해 비로소 '상황을 알려주는 것, 또는 상황에로의 도약을 가리키는 것', 즉 정보가 된다.

우리는 열린 상황 속에 머물면서 '주어진 것들에 의해 짜여진 상황'과 우리들 자신에게 내보여지고 있는 상황을 '함께-볼-수' 있다. 이러한 '함께-보기'를 통해 우리는 '보고 자체의 짜임새'와 '상황의 벌임새(전개)' 사이의 '맞아-떨어짐'의 여부를 결정할 수 있게 된다. 이때 우리는 '주어진 것들 자체'가 열어주는 상황을 만나는 셈이고, 그로써 상황에 대한 개별화된 앎을 갖게 되며, 그 앎을 통해 '이미 주어진 것들을 그것들의 상황성에서 판단할 수 있게 된다. 우리는 상황성에 대한 판단을 통해 '주어진 것들'에 대한 참/거짓의 문제를 결정짓는다. 주어진 것들 가운데 참으로 판정된 것은 이제 우리 자신에게서도 참인 것으로서 여겨진다. 즉, 우리는 그것들을 우리들의 앎의 내용으로 삼는다. 그리고 '형식적으로 주어져 있던 것'이 개별적 앎으로 바뀜으로써 그것은 이제 나름의 자유로운 적용 가능성을 갖는다. 우리는 새로이 배워 가진 앎의 내용을 다양한 맥락에 적용할 수 있게 된다.

정보는 '상황이나 사실에 대한 보고', 즉 '상황이나 사실을 알려주는 것'이지만, 그러나 그 보고 자체 속에 그 알림의 참/거짓까지 들어 있지는 않다. 우리는 주어진 정보의 참/거짓을 보고 자체를 통해서는 결코 결정할 수 없다. '보고 자체'가 비록 나름의 보편적 형식과 짜임새를 갖고 있을지라도, 그러한 사실이 정보의 진리를 증명해줄 수는 없다. 정보의 보편적 짜임새는, 정보가 근본적으로는 '함께-나누기'를 목적으로 한 것이기 때문에 정형화된 것이라고 할 수 있다. 보고 자체는 '함께-나누기'의 수단이다. 그렇기 때문에 공통의 보고 양식과 짜임새는 배울 수 있는 것이다. 그러나 상황이나 사실에 대한 파악은 개인 스스로의 몫이다. 더 나아가 보고와 상황의 진리 여부는 개별적 도약을 통해 비로소 결정될 수 있을 뿐이다.

정보의 참/거짓은 정보 자체에 의해 결정될 수 있는 것이 결코 아니다. 그것은 또한 얼마나 많은 사람들이 어떤 정보를 참인 것으로 받아들이느냐의 여부에 따라 결정될 수도 없다. 오늘날 우리는 정보 제공자나 제공된 정보에 대한 정당화된 믿음을 갖기 어렵다. 그렇기 때문에 사람들은 주어진 정보의 진위(眞僞)를 정보 자체의 짜임새나 보급성에 따라 판단하거나, 아니면 주어진 정보를 그저 맹목적으로 받아들이거나, 아니면 거부하거나, 그것도 아니면 대개 유보적 자세를 취하게 된다. 왜냐하면 참/거짓의 문제는 판단자 자신이 보고와 상황에 대한 직접적 경험 내지 이해(도약)를 갖고 있을 때만 유의미한 문제로서 제기될 수 있기 때문이다.

그러나 우리가 비록 보고자나 정보 자체에 대한 전적인 믿음, 즉 정당화된 믿음을 갖고 있을지라도, 보고된 상황의 올바름은 여전히 열린 채 놓인다. 그렇기 때문에 만일 우리가 정보의 상황에 근거한 판단을 내리고, 또 그 판단에 따라 행동한다면, 그 행동의 책임은 전적으로 우리 자신에게 놓일 수밖에 없다. 왜냐하면 매체 정보의 상황에 대한 판단은 어쨌든 우리 자신의 상황 인식에 바탕한 것일 수밖에 없고, 그 정보의 참임을 결정하는 것은 정보 자체가 아니라 바로 우리 자신이기 때문이다.

정보와 정보기술

현대인들은 점점 더 정보의 노예로 전락해가고 있다. 즉, 우리는 우리가 사용하는 정보의 감옥 속에 갇히고 마는 것이다. 이 감옥은 우리 스스로 쌓아가는 것이다. 우리는 눈을 뜨자마자 TV를 켜거나 신문을 펼치거나 간밤에 들어온 새로운 정보들을 입수한다. 이러한 일은 거의 습관적으로 일어난다. 입수된 정보들은 우리의 행동 방향과 목적을 결정해준다. 정보단절은 우리를 심각한 정보불안 속에 빠뜨린다. 우리의 주변, 아니 심지어 온 도시 전체가 상품 정보들(광고물)로 넘쳐나고, 사람들은 정보공해마저 호소하고 있는 실정이다. 이것은 마치 로마인들이 노예들에 둘러싸인 삶을 살아감으로써 그들 자신이 노예들의 심리에 침식되었던 것에 빗대어질 수 있다.

우리는 풍요로운 정보의 감옥 속에서 자신이 필요로 하는 정보들을 끊임없이 찾아다닌다. 현대인들은 거의 하루 종일 정보를 검색하거나 처리하는 일로 분주하며, 쉴 때조차도 음악 정보로서 다름 아닌 노래테이프나 CD를 사용한다. 우리의 손과 거주공간에서는 정보기계들이 떠날 날이 없다. 우리는 갖가지 정보매체들로부터 주고받는 수많은 정보더미 속에 파묻혀 살아간다. 그럼에도 우리가 여전히 정보의 불확실성과 궁핍에 불안해하면서 정보획득에 열광하는 까닭은 정보사회에서의 자기실현(self-realization)이 정보획득과 정보활용, 즉 정보생활을 통해 가능케 되기 때문이다. 개인은 물론 기업과 국가조차도 정보전쟁에 뛰어들지 않을 수 없고, 거기서 살아남기 위해서는 정보에 사활을 걸어야만 한다.

정보전쟁에서의 승리는 정보기술에 달려 있다. 인쇄술의 발명과 전기통신의 발명으로 말미암은 정보혁명은 개인의 권리와 자유를 신장해주었다. 특히 전기통신은 엄청난 양의 정보를 순식간에 유통할 수 있게 해줌으로써 지식의 독점을 해소해주었을 뿐 아니라, 전화, 은행, 철도, 호텔, 신용카드 등과 같은 우리의 일상생활 자체를 전기통신체계로 탈바꿈시켜놓았다. 전기통신은 방송, 컴퓨터, VTR 통신, 팩시밀리, 전자우편, 쌍방향 TV 등과 같은 뉴미디어(new media) 서비스를 출현시킴으로써 정치구조, 경제구조, 고용구조, 문화 및 교육구조 등의 사회구조 전반을 혁신적으로 변화시켜가고 있다.

물론 정보기술을 통해 양산되어 우리에게 전달되는 정보들은 그 정보들을 발생시키는 정보원(source)에 의해 다양한 방식으로 채색된 것들일 뿐 아니라, 그것들을 전달해주는 매체의 관리자들에 의해 보이지 않게 선택된 것들이다. 정보원들과 관리자들은 자신들의 이익에 도움이 되거나, 또는 그들 자신의 기준에 따라 보았을 때 중요하다고 인정되는 정보들만을 유통시키려 한다. 더 나아가 대중들에게 무차별적으로 유포되는 정보들조차도 이미 소수의 여론 지도층, 이를테면 신문기자나 논설위원, 각계의 전문가들에 의한 해설이나 해석을 동반하고 있다. 이렇게 해석된 정보를 접하는 대중은 자신도 알지 못하는 사이에 특정한 해석 경향을 갖게 된다. 이러한 사태는 개별국가들에게도 그대로 해당된다. 즉, 선진국과 개도국 사이에서 정보의 부익부 빈익빈은 날로 심화되어가고 있다. 정보종속은 곧 국가종속을 낳게 된다.

정보사회를 살아가는 현대인들은 '정확한 정보' 대신 '변형되거나 왜곡된 정보'를 접할 가능성을 항상 안고 있다. 특히 정치권력과 통신업체들은 자신들의 이익을 위해서라면 정보원을 은폐하거나 정보 내용의 조작을 서슴지 않을 것이다. 게다가 고급 정보들은 누구에게나 개방되는 게 아니라, 소수의 특권층에게만 개방됨으로써 정보독점과 같은 일이 공공연히 발생할 수 있다. 즉, 정보화의 혜택이 평등하게 분배되기보다, 특정 개인이 점하는 사회적, 경제적, 문화적 위치에 따라 불평등하게 배분되기 쉽다. 또한 정보 수용자들은 자신들이 원하는 정보들에 대해서는 쉽사리 귀를 기울이지만, 자신들의 생

각과 다른 정보들에 대해서는 의도적으로 회피하려는 경향이 있다.[26]

정보는 누군가에 의해 숨겨지거나 변조될 가능성을 지니고 있고, 매체는 독점되기 쉽다. 정부의 정보정책은 기술의 발전 추세에 발맞춰나가려 하기보다 현상유지에 집착하는 경향을 띠고 있으므로 대개 시대에 뒤떨어져 정보사회의 발전을 가로막게 되며, 결국 사회적 불평등을 심화시키기 쉽다. 정보사회를 살아가는 정보인들은 보다 많은 정보를 원하는 듯하지만, 그들은 정보의 홍수 속에 빠져 자신의 취향에 맞는 정보에만 집착하거나, 아니면 전문가들이 선별해준 정보들만을 수용하게 된다. 게다가 점점 복잡하고, 끝없이 증가하는 정보더미 속에서 사람들은 더 이상 적응하지 못해 자신이 몸담고 살아가고 있는 사회로부터 소외되거나 창조적 사고의 결핍증에 걸려 여러 가지 사회병리학적 행동을 보이게 된다.

또한 매체의 발달로 말미암아 개인 정보(personal information)의 유출과 관련한 수많은 문제들이 발생하고 있다. 개인 신상 정보(이름, 주민등록번호, 주소, 전화번호 등), 의료 정보, 신용 정보, 법률위반 기록 등의 개인 정보 침해가 발생하는 등, 초고속 통신망 가입자 수가 천만 명을 넘어선 우리 사회에서 인터넷 이용자들(netizen)은 자신들도 인식하지 못하는 사이에 자신들에 관한 정보가 노출되는 현실 앞에 처해 있다. 예컨대 쿠키(cookie)는 네티즌이 '쿠키를 제공하는 웹사이트'를 방문했을 때 자신의 하드디스크에 기록·저장되는 이용자의 계정(ID)과 암호(password) 그리고 방문한 사이트에 관한 간단한 정보를 말한다. 이 네티즌이 다음에 동일 사이트를 방문할 경우 웹서버는 그가 누구인지, 어떤 정보를 주로 찾았는지 등을 바로 파악할 수 있는데, 웹사이트 운영자는 쿠키를 활용해 타깃 마케팅(target marketing), 즉 쿠키를 통해 수집한 취향이나 이용자 정보를 활용해 상품안내장을 발송하거나, 이용자의 의사에 관계없는 구매 유도를 벌이기도 하며, 스팸메일을 보내기도 한다.27)

어쨌든 부정적인 측면과 긍정적인 측면 모두를 동시에 낳고 있는 정보기술은 정보사회를 태동시켰고, 정보사회의 발전은 정보기술 자체의 고도화를 초래했다. 우리 사회가 정보사회로 진입한다는 것은 우리들 자신이 선진국 국민이 된다는 것을 뜻한다. 홈쇼핑이나 인터넷쇼핑 등의 생활화에서 미루어 볼 수 있듯, 한국사회는 이미 정보화사회로 급속히 도약하고 있다. 정보사회로의 성공적 진입을 위해 우리 사회는 국가적 노력을 경주하고 있다.

그런데 정보기술은 사람 자신을 포함한 모든 것의 있음을 정보화 가능성에로 몰아간다. 모든 것은 정보를 내줄 수 있을 때 존재 가치를 갖게 되고, 또 그 자체로 존중받지 못한 채 끊임없는 정보화 요구를 위해 정보기술적으로 변형되어야 한다. 이를테면 한강은 수력발전을 위한 수압 제공자로서 그때마다 데이터화되어, 수량화된 정보 수치로 표현된다. 수력발전과 관련된 모든 것이 데이터화되고, 그로써 그것들은 정보적으로 손쉽게 처리되며, 따라서 수력발전 기술은 보다 안정적으로 그리고 보다 정밀하게 조종되고 조절되며 통제될 수 있게 되었다. 정보기술은 모든 것에 대한 가능한 모든 정보를 추출하여 그것들을 의미 있는 체계로 짠다. 오늘날 사람들은 정보기술 덕분에 모든 것을 간단한 정보조작을 통해 통제할 수 있게 되었다.

오늘날 모든 것은 정보 제공자, 즉 정보자원이다. 정보를 지배하는 자는 모든 것을 지배할 수 있다. 정보기술은 대상에 대한 정보를 수집하고 분석함으로써 대상 자체를 통제하거나 변형시킬 수 있다. 이를테면 슈퍼컴을 이용한 기상관측은 날씨로부터 날씨 정보들을 수집하여 나름의 방식으로 체계화함으로써 날씨를 예측하여 예보할 수 있다. 그것은 인간의 삶에서 얼마나 중요한가? 정보기술은 자연에 대한 정밀예측과 그에 바탕한 자연통제 및 예방대책 등을 가능하게 해주었다.

현대 물리학은 자연을 계산적으로 확립될 수 있는 방식으로 탐구한다. 그로써 자연은 탐구를 통해 알려질 수 있는 정보들의 한 체계(ein System von Informationen)로서 맞춰 세워질 수 있다. 우주 전체가 컴퓨터 속으로 가상화되어 들어가 하나의 영상으로 나타나고, 사람들은 사이보그의 손 위에 굴러다니는 우주의 그래픽을 시청할 수 있다. 모든 것은 정보화되고, 정보화된 것들은 이용자들의 손아귀에 놀아날 수밖에 없게 된다. 이제는 인간 자신마저도 그러한 정보화의 피해자로 전락하고 있다. 그렇기에 모든 결과에 대한 책임은 인간에게 놓이는 게 아니라, 책임의 능력을 전혀 갖지 못한 정보에게로 돌려진다. 예를 들어 철수가 용산에서 컴퓨터 부품들을 산 뒤 그것들을 설명서에 따라 조립했는데, 조립된 컴퓨터가 작동되지 않는다고 치자. 그 책임이 어디에 있는가? 설명서는 조립에 관한 모든 정보를 수록하고 있어야 한다. 그런데 철수가 그 설명서에 따라 정확히 조립했는데 잘못된 결과가 나왔다면, 그것은 철수의 잘못이라기보다는 설명서의 오류 때문이다. 이때 조립 실패의 책임은 설명서에게 있다.

정보기술은 이렇게 우리가 살아가는 세계 자체를 하나의 상(像, das Bild)으로서,[28) 달리 말해, '정보의 체계'로서 탈은폐한다. 보다 앞선 정보기술을 소유하고 있다는 것은 이러한 탈은폐 능력을 보다 많이 소유한다는 것, 따라서 보다 많은 정보를 제공할 수 있다는 것을 뜻한다. 정보에 의해 탈은폐된 세계는 가상적 세계이다. 이 세계 자체는 정보기술의 사용자에 의해 이러저러하게 꾸며진 세계이다.

정보화 시대의 세계는 정보기술이 요구하는 바가 잘 실현될 수 있도록 전체 연관이 끊임없이 변화되고 있다. 다시 말해 세계는 정보기술에 맞춰 이리저리 변형되기에 이르렀다. 도시 곳곳에는 멀티비전이 설치되고, 사람들의 손전화기를 위한 송신탑들이 세워지고, 인터넷 이용의 활성화를 위해 초고속 통신망이 깔린다. 세계 속의 수많은 것들이 '보다 빠르고 보다 정확한 정보화'를 위해 정보기술로부터 주어지는 다양한 요구 내지 지시들에 따라 전체적으로 재배치되거나 신설된다.

정보기술은 현실세계를 '눈앞에 꾸며놓을 수 있게끔', 즉 현실을 가상적으로 꾸며진 세계 속에 구현할 수 있게끔 만들어 주고, 이로써 정보화된 세계는 세계 자체를 하나의 꾸며진 상에로 맞춰 세운다. 이것은 세계의 변혁 원동력 내지 추진력이 되는 것이다. 그 방식은 꾸밈의 방식으로 주어진 세계를 현실적으로 구현시키는 것이다. 이제 세계 자체는 가상세계의 현실화와 더불어 점차 컴퓨터(셈하미)를 통해 하나로 연결될 수 있게 되었다. 그 연결망 자체 때문에 현실세계와 가상세계는 한데 어우러져 '또 하나의 딴 세상'을 형성해나간다. 그러나 이 '딴 세상'은 '달라진 세계'를 의미할 뿐이다. 오늘날의 세계는 가상세계에 의해 함께 규정되어 있다.

정보기술은 우리 사회의 변혁을 몰고 왔고, 그 혁신성은 아직 채 감지되지도 못하고 있다. 우리 사회는 현대기술이 초래할 문화 파괴와 인간성 파괴에 대해 학문적 고민을 거의 하지 않고 있다. 더 나아가 파괴 뒤에 도래할 새로운 문화와 새로운 인간성에 대해서는 준비할 마음조차 내지 못하고 있다. 정보기술은 세계 전체의 정보화를 요구한다. 그것은 이미 강요의 수준에 도달해 있다. 사람 자신뿐만 아니라, 그가 몸담고 살아가는 현세상의 모든 것이 정보기술의 지배력에서 결코 자유로울 수 없다. 아니 우리 사회는 세계 전체를 정보기술의 조작에로 맞춰 세우라는 보이지 않는 강요에 이미 편승하고 있다.

그런데 정보기술의 이러한 요구는 우리 사회를 단조로운 동질성으로 몰고 가기는커녕 전대미문의 다양성을 창조하게

끔 하는 원동력으로서 받아들여지는 듯하다. 현대기술에 대한 이러한 낙관 때문에 사람들은 미래에 도래할 최고 기술, 즉 기술들 사이의 '자기 확장'을 둘러싼 모든 싸움을 잠재울 최고도의 기술이 초래할 위험성을 알아채지 못한다. 현대기술의 '자기 확장성' 내지 정보기술의 '조종(조작)에로 맞춰 세움'에 주목해본다면, 최고 기술의 탄생은 완전한 기술지배의 세계가 열리게 된다는 것을 의미할 뿐이다. 그때 인간은 더 이상 자신의 본질을 간직할 수 없게 된다.

그러나 정보기술에 부정적 측면만 있는 것은 아니다. 정보기술은 단절의 길로만 치닫던 사람들 간의 관계를 다시 이어주는 매개체 노릇을 하기도 하고, 단절된 세계들 간의 교통로가 되기도 하며, 새로운 문명의 산파 역할을 하기도 한다. 우리는 분명 두 측면 모두에 귀를 기울여야 한다.

주

1) 이 보기는 움베르토 에코의 『해석의 한계』(김광현 옮김, 열린 책들, 1995) 서문에 나오는 '무화과 선물의 편지'라고 부를 수 있는 보기를 본뜬 것이다.

2) 마샬 맥루한, 『미디어의 이해』(박정규 옮김, 커뮤니케이션북스, 2001), pp.23-44 참조.

3) 동경대학 편, 『정보』(권은경 옮김, 계명대학교출판부, 1983), pp.7-8 참조.

4) 손동현, 「정보의 존재론적 구조와 특성」(『정보사회의 철학적 진단』, 철학연구회 편, 철학과현실사, 1999), pp.124-125 참조.

5) "http://home.ewha.ac.kr/~ewhaelec/easyie/" 및 임채열·김대진, 『디지털 방송 이해 및 실무』(한울 아카데미, 2001), 제1장 「스튜디오 방송 신호 규격」 참조.

6) 윤완철, 「디지털 정보 시대와 인간」(『디지털 시대의 문화 예술』, 최혜실 엮음, 문학과지성사, 2000), '1. 디지털과 정보화' 참조.

7) 앤소니 기든스, 『현대성과 자아정체성 : 후기 현대의 자아와 사회』(권기돈 옮김, 새물결, 1997), pp.58-66 참조.

8) 자크 엘루, 『기술의 역사』(박광식 옮김, 한울, 1996), pp.95-124 참조.

9) 손동현, 앞의 책, p.117 참조.

10) 임일환, 「정보·지식·인지 개념」(『정보사회의 철학적 진단』, 철학과현실사, 1999), pp.39-40 참조.

11) 공용현, 「인간지성의 진화와 인공지능의 발전」(『세계화의 철학적 기초』, 철학과현실사, 1999), pp.391-396 참조.

12) 임일환, 앞의 책, p.56 참조.

13) 같은 책, p.64.

14) M. 하이데거, 『존재와 시간』(이기상 옮김, 까치, 1998), p.267 참조.

15) 같은 책, p.273 참조.

16) E. 캇시러, 『인간이란 무엇인가 : 문화철학서설』(최명관 옮김, 서광사, 1991(4쇄)), pp.61-68 참조.

17) 낱말의 이중적 존재방식에 대한 언어학적 탐구에 대해서는 조지 밀러의 『언어의 과학 *The Science of Words*』(강범모·김성도 옮김, 민음사, 1998) 참조. 이 책에서 밀러는 언어를 근본적으로는 '커뮤니케이션'을 위한 수단으로 규정하고 있다. 이때 언어는 정보적 차원에서 탐구되는 셈이다. 그에 따르자면, 단어(낱말)는 한편으로는 소음, 몸짓, 표시와 같은 단순한 물리적 사실 혹은 사건이고, 다른 한편으로는 의미를 표현하는 것이다. 단어의 이러한 '이중적 생존방식' 때문에 우리가 하나의 단어를 알기 위해서는 최소한 다음의 두 가지 조건이 갖춰져야 한다. 첫째, 우리는 단어를 표상하는 물리적 토큰(tokens)을 생산하고 인식할 수 있어야 하고, 둘째 그러한 토큰이 커뮤니케이션에서 이해될 수 있는 의미를 알아야 한다.(p.34 참조)

18) 이러한 '눈에 띔' '강요' '버팀'의 현상에 대해서는 하이데거의 『존재와 시간』§16절 '세계내부적 존재자에서 알려지는 주위세계의 세계적합성' 참조.

19) 마이클 하임, 『가상현실의 철학적 의미 *The Metaphysics of Virtual Reality*』(여명숙 옮김, 책세상, 1997), 제4장「사고의 처리」참조.

20) 기계의 자립성(Selbständigkeit)을 인정하는 헤겔의 입장에 대한 하이데거의 비판에 대해서는 M. 하이데거, 『기술과 전향』(이기상 옮김, 서광사, 1993), pp.46-47 참조.

21) 「동아일보」2002년 2월 19일 화요일 A7 '발언대'에 실린 김성곤의 글 제목.

22) '알리미'는 '알려주는 사람'을 일컫는다.

23) '로버트 김을 사면하라'와 같은 요구나 간청 등과 관련된 참/거짓의 문제에는 요구자의 진실성과 같은 요소가 끼어든다. 그러나 어쨌든 저 요구가 참일 수 있으려면, 그것의 사태가 어떻게든 직관될 수 있어야 한다. 요구와 관련하여 직관될 수 있는 것은 요구 내용과 요구하는 사람의 관련성과 같은 것이다. 예컨대 저 요구를 로버트 김의 형이 하고 있다면, 우리는 그 요구의 진실성을 거의 의심하지 않을 것이고, 따라서 그의 요구는 '참인 것'으로서 간주될 것이다. 그러나 이 요구가 참이려면, 무엇보다 먼저 저 요구의 대상 '로버트 김'

93

이 사면 대상일 수 있어야 한다. 만일 '로버트 김'이 일종의 사물의 이름이라면, 저 참인 요구는 '이상한 요구'가 될 것이고, 그 요구자는 '정신 이상자' 취급을 받게 될 것이다.

24) '알으미'는 '전달된 정보의 내용(알속)을 아는 사람', 즉 '정보를 전달받는 사람'을 뜻한다.

25) 서술이 거꾸로 큰다는 것은 꾸밈말이 늘어날 수 있다는 것, 이를테면 '억울한, 한국인인, 미국 시민권을 가진, 기밀문서를 유출한……죄인 로버트 김'과 같은 식으로 계속 덧붙여질 수 있다는 것을 뜻한다.

26) 안청시, 「정보화사회와 민주주의 : 뉴미디어활용의 정치적 명암」(『정보화사회의 도전』, 김세원·추광영 공편저, 무역경영사, 1993), pp.109-122 참조.

27) 한국형사정책연구원, 『개인정보 침해에 관한 조사 연구』(2001), pp.141-209 참조.

28) 이러한 사태의 철학적 분석에 대해서는 하이데거의『세계상의 시대』(최상욱 옮김, 서광사, 1995) 참조. 이때 '상(像)'은 '어떤 것이 우리 눈앞에 있게끔' 되는 사태를 가리키는 낱말이다. '세계-상'은 세계 자체가 우리들의 눈앞에 표상될 수 있음을 지시한다. 세계상의 시대는 세계가 상으로서 파악되는 시대를 일컫는다.(pp.40-43 참조)

큰글자 살림지식총서 120

매체 정보란 무엇인가

펴낸날	초판 1쇄 2015년 5월 28일

지은이	구연상
펴낸이	심만수
펴낸곳	(주)살림출판사
출판등록	1989년 11월 1일 제9-210호

주소	경기도 파주시 광인사길 30
전화	031-955-1350 팩스 031-624-1356
기획 · 편집	031-955-4671
홈페이지	http://www.sallimbooks.com
이메일	book@sallimbooks.com

ISBN	978-89-522-3135-2 04080

※ 이 책은 큰 글자가 읽기 편한 독자들을 위해
   글자 크기 15포인트, 4×6배판으로 제작되었습니다.